Friedrich   Hebbel

Mutter und Kind

Ein Gedicht in sieben Gesängen

Friedrich   Hebbel

Mutter und Kind
Ein Gedicht in sieben Gesängen

ISBN/EAN: 9783337353278

Hergestellt in Europa, USA, Kanada, Australien, Japan

Cover: Foto ©Thomas Meinert / pixelio.de

Weitere Bücher finden Sie auf **www.hansebooks.com**

Mutter und Kind

Friedrich Hebbel

Ein Gedicht in sieben Gesängen.

1859

Erster Gesang.

Eben grauet der Morgen. Noch stehen die zitternden Sterne
An der Wölbung des Himmels, die kaum am Rande zu blauen
Anfängt, während die Mitte noch schwarz, wie die Erde,
herabhängt.
Frierend kriechen die Wächter mit Spieß und Knarre nach Hause,
Doch sie erlöste die Uhr und nicht die steigende Sonne,
Denn noch ruhen die Bürger der Stadt und bedürfen des Schutzes
Gegen den schleichenden Dieb, den spähende Augen gewähren.
Wie der Hahn auch rufe, und wie vom Turme herunter
Auch der hungrige Geier mit ewig brennendem Magen
Nach dem Frühstück krächze, es kümmert nicht Mensch noch

3

Tiere.
Nur in den Ställen, die hinter die stattlichen Häuser versteckt sind,
Wird's allmählich lebendig, es scharren und stampfen die Pferde,
Und es brüllen die Kühe, allein die Knechte und Mägde
Schwören sich bloß, zur Nacht die Raufen noch voller zu stopfen,
Als es gestern geschah, und schlafen weiter in Frieden.
Nun, man müßte sie loben, wofern sie sich rascher erhüben,
Aber, wer könnte sie tadeln, daß sie sich noch einmal herumdrehn?
Ist doch die Kälte zu groß! Der Fuß, dem die Decke entgleitet,
Schrickt zurück vor der Luft, als ob er in Wasser geriete,
Welches sich eben beeist, auch darf man den Winter nicht schelten,
Weihnachts-Abend ist da, wie sollt' er nicht grimmig sich zeigen!
Dennoch lehnt schon am Pfahl der still verglühnden Laterne
Eine dunkle Gestalt. Im Licht des flackernden Dochtes,
Welcher sich selbst verzehrt, des Öls allmählich ermangelnd,
Kann man den Jüngling erkennen, der unbeweglich hinüber
Schaut nach dem Erdgeschoß des Hauses über der Straße.
Wahrlich, es müssen die Pulse ihm heiß und fieberisch hüpfen,
Daß er um diese Stunde, die selbst im Sommer die Zähne
Oft zum Klappern bringt und alle Glieder zum Schaudern,
Hier so ruhig steht, als wär' er in Eisen gegossen.
Schneidend und scharf, wie ein Messer, zerteilt der Hauch nun die
Lüfte,
Welcher die Sonne meldet: den sollen die Fische im Wasser
Spüren und mitempfinden, er aber regt sich auch jetzt nicht.
Doch, da schreitet er vor und naht sich dem Hause. Was gibt ihm
Denn so plötzlich Gefühl und macht ihn lebendig? Ein Schimmer
Ward da drunten sichtbar, den eine getragene Lampe
Zu verbreiten scheint. Er bückt sich nieder, zu lauschen,
Spricht: sie ist's! und tickt mit leisem Finger ans Fenster.
Drinnen taucht ein Kopf empor. Die klarste der Scheiben
Suchend, er findet sie schwer, die meisten sind blind und belaufen,
Lugt er schüchtern hindurch. Es ist ein blühendes Mädchen,
Welches sich selber beleuchtet, indem es, die Lampe erhebend,
Nach dem Klopfenden späht. Er ruft: mach' auf, Magdalena!
Und enteilt in das Gäßchen, das links am Hause sich hinzieht.
Bald auch öffnet sich seitwärts das Dienerpförtchen, doch halb nur,
Und den Fuß in der Tür, beim Licht noch einmal ihn prüfend,
Spricht sie: Christian, du? Was kannst du so zeitig nur wollen?

4

Laß uns hinein--versetzt er--du würdest draußen erfrieren,
Und wir sind ja noch sicher! Sie sperrt ihm noch immer den Eingang,
Doch er hält ihr den Pelz entgegen, in den er gehüllt ist,
Und nun tritt sie zurück und geht voran in die Küche,
Während er auf den Zehen ihr folgt. Schon brennt auf dem Herde
Hell und lustig ein Feuer. Sie stellt den Kessel mit Wasser
Jetzt darüber und setzt sich an einer Seite daneben,
An der anderen er. Die rötliche Flamme vergoldet
Spielend beider Gesichter, und gegen sein dunkel gebräuntes
Sticht ihr lilienweißes, mit blonden Locken bekränztes,
Fein und angenehm ab. So mußt du--beginnt sie--schon wieder
Auf die Straße hinaus, und das am heiligen Abend?
Wer dem Fuhrmann dient,—entgegnet er--feiert die Feste
Selten gemächlich zu Hause, denn immer mangelt dem Kaufmann
Dies und das im Gewölb', und da die Kunden nicht warten,
Wartet er selbst auch nicht! Doch du--erwidert sie leise,
Fast in Vorwurfes Ton--du könntest es lange schon besser
Haben, wenn du nur wolltest!—Du meinst, ich könnte beim Kaufmann
Selber, könnte bei euch sein--versetzt er mit Lächeln--und freilich
Hätt ich's bequemer und dürfte, man sieht's ja, zu Tode mich schlafen.
Aber, das täte nicht gut!—Er springt empor, und die Küche
Stumm und sinnend durchschreitend und dann ich plötzlicher Wendung
Vor das Mädchen tretend und ihre Schönheit betrachtend,
Ruft er aus: Nein, nein, sie soll mir nicht hungern und frieren!
Voll Verwunderung schaut sie auf und merkt es nun endlich,
Daß er bewegt ist, wie nie. Was hast du? fragt sie ihn ängstlich,
Und er streichelt sie sanft und spricht die bedächtigen Worte:
Wem ein altes Weib für seinen Groschen das Schicksal
Aus den Karten verkündigt, der mag noch zweifeln und lachen,
Aber, wem es der Herr im liebsten Freunde und Bruder
Dicht vor die Augen stellt, dem ziemt es, sich warnen zu lassen!
Hätte der Ärmste mich in solchem Elend gesehen,
Wie ich gestern ihn, er wäre wohl ledig geblieben,
Und sein Beispiel soll--dies wird, so meint er, ihn trösten—
Nicht verloren sein für seinen Jugendgenossen!

Geht es den beiden so schlecht--versetzt sie erschreckend—ich habe
Anna nicht wieder erblickt, sie ist nicht weiter gekommen,
Und ich kann das Haus nur selten auf Stunden verlassen,
Und da hab' ich zu tun und rechne mit Schuster und Schneider.
Ging's mir anders mit Wilhelm--erwidert er traurig--ich hatte
Ihn so gut wie verloren, denn ängstlich, wie Sünde und Schande,
Pflegen sich Armut und Not in Ecken und Winkeln zu bergen.
Seinen eigenen Vetter vermocht' ich nicht zu ihm zu führen,
Als er nach Hamburg kam, um Anna endlich zu sehen,
Und erst gestern zur Nacht bin ich ihm wieder begegnet,
Aber in welcher Gestalt! Wie gänzlich verändert! Du kannst es
Dir nicht denken! Ich glaubte zuerst, es wäre sein Vater,
Der noch lebt auf dem Dorf, um seinen Jammer zu mehren,
Weil er den Greis nicht fürder ernähren kann, wie so lange!
Als ich ihn dann erkannte in seinem gebrochenen Wesen,
Wollte er mir nicht stehn, wie einer, der giftige Blattern
Zu verbreiten fürchtet, ich aber blieb ihm zur Seite
Und so nahm er mich mit zum kranken Weib und den Kindern.
Nun, die dienten zusammen!--Das Mädchen erhebt sich und schließt ihn
Innig und fest an die Brust.--Sie wohnen im feuchtesten Keller
Welchen ich jemals sah. Dem Totengräber gehörig,
Hat er die nassen Wände mit Brettern von Särgen beschlagen,
Wie sie der Kirchhof ihm aus wieder eröffneten Gräbern
Fett und modrig liefert. Die dunsten, daß, wer hereintritt,
Fast erstickt, doch die Miete ist billig, auch jagt sie der Hausherr
Nicht so leicht heraus, es fehlt am zweiten Bewerber,
Darum bleiben sie sitzen. Sie sollen vom Fieber genesen,
Wo's ein Gesunder bekommt. Da macht's natürlich die Runde,
Springt von ihm zu ihr, von einem Kinde zum andern
Und verläßt sie nicht mehr! Du weinst schon bittere Tränen,
Nun, ich rede nicht weiter!--Sie trocknet sich plötzlich die Augen,
Welche ihr längst schon strömten, und spricht mit krampfhaftem Lachen,
Ihn bei der Hand ergreifend und über und über erglühend:
Christian, weißt du was? Es ist der heilige Abend,
Und es wird uns beschert: da wollen wir wieder bescheren!
Meinen ganzen Weihnacht, und reichlich gibt ihn die Herrschaft,

6

Kleider und Tücher und Geld, und was noch etwa hinzukommt,
Alles trag' ich zu Anna, du machst es auch so mit Wilhelm,
Und sie können den Keller verlassen und wieder gesunden!
Kind--versetzt er darauf--ich tat zwar gleich, was ich konnte,
Und der Weihnacht1) ist die Hälfte des Lohnes in Hamburg,
Aber es sei darum! Denn, wie kein Engel im Himmel,
Hat mich Wilhelm gestern für ewige Zeiten gesegnet,
Und ich dank' es ihm gern! Zwar war sie bitter, die Lehre,
Die ich empfing, als ich sah, daß trockenes Brot ihm, wie Kuchen,
Schmeckte, Käse wie Fleisch, doch werd' ich sie nimmer vergessen.
Ja, ich hab' es erkannt, und werd' es im Herzen bewahren:
Wenn der Arme es wagt, nur Gatte und Vater zu werden,
Ist es sündlich, als dächte der Reiche auf Kaiser und König,
Und es straft sich noch härter. So bin ich denn fest auch entschlossen,
Endlich den Schritt zu tun, auf den ich schon lange gesonnen,
Denn das Leben ist kurz, und einmal will ich doch würfeln!--
Sie erschrickt, doch bald zerschmilzt in freudigem Lächeln
Ihre Angst, denn er zieht zu ihrem höchsten Erstaunen
Einen goldenen Ring hervor--er ist in den Handschuh
Eingewickelt, den sie vermißt und den er entwandte,
Um ihr Maß zu haben--und reicht ihr das funkelnde Kleinod.
Nimm ihn an von mir--so spricht er--und trag' ihn zu Ehren,
Gottes, des Vaters, des Sohnes, sowie des Heiligen Geistes
In Geduld drei Jahre, du wirst nicht darüber ergrauen,
Und das Glück hat Zeit, mir einen Finger zu reichen!
In Geduld drei Jahre!--versetzt sie--und das noch zu Ehren
Gottes, des Vaters, des Sohnes, sowie des Heiligen Geistes?
Nein, in Liebe und Treue das ganze Leben und keinem
Mehr zurück Ehren, als dir, du Bravster unter den Braven!
Kind, ich nehm' es nicht an--entgegnet er crnst--denn es würde
Mir das Gewissen belasten, du bist nicht länger gebunden,
Wenn die Frist verlief, auch ist sie völlig genügend,
Und wenn ich dich nicht löse, so magst du selber dich lösen!
Aber--ruft sie--was können so wenige Jahre dir bringen,
Wenn du das Heil nicht von Alt'na erwartest oder von Wandsbeck2),
Und du bist wohl der letzte, dein Haus aufs Lotto zu bauen!

Darauf schwöre nur nicht--versetzt er--du würdest dich täuschen,
Denn ich rechne aufs Lotto, doch setz' ich nicht Heller und
Groschen,
Nein, ich setze mich selbst. Ich geh' im Frühling zu Schiffe.
Schlage nicht gleich die Hände zusammen und halte die Schürze
Vor die Augen! Ich hab' es lange bedacht und erwogen,
Gestern kam's zum Entschluß! Die Welt ist anders geworden,
Als mein Vater sie kannte, und seine goldenen Regeln
Passen nicht mehr hinein! Wer bliebe nicht gerne im Lande
Und ernährte sich redlich! Ich sehne mich nicht nach dem Weltteil,
Wo man Löwen und Affen und Papageien umsonst sieht,
Nein, ich will das Pläsier mit Freuden noch länger bezahlen,
Wenn wir über den Berg3) nach Altona gehn zur Erholung!
Aber, wer kann, was er möchte! Wofür mein Vater das Häuschen
Kaufte, miet' ich mir kaum, die Stube, und was für den Ochsen
Einst der Schlachter gab, das gibt für die Haut jetzt der Gerber!
Sprich, wo wäre da Hoffnung! Es sind der Menschen zu viele
Über die Erde versät, und statt, wie einst, sich zu helfen,
Drängen sie sich und stoßen und suchen sich neidisch die Bissen
Aus den Händen zu reißen. Drum sind auch die schrecklichen Tiere
Losgelassen, von denen die Offenbarung Johannis
Prophezeite, sie sollen den Haufen lichten und sichten.
Bonaparte voran als Tod mit der blinkenden Sense,
Jetzt die neue Pest, die Cholera, wie sie sie heißen,
Und die Hungersnot wird folgen, sie guckt um die Ecke.
Fault nicht schon die Kartoffel? So sagte der Alte aus Bremen,
Den sie den Mystikus nennen, und der uns Knechten und Mägden
Seine Gesichte verkündigt, und wahrlich: er hat nicht gefaselt!
Höre den Orgeldreher, wer will! Doch sieh wie dein Kessel
Siedet! Auch haben die Pferde in meinem Stall wohl gefressen,
Und je eher daran, je eher davon. Bis zum Abend
Bin ich morgen zurück und bringe Wilhelm das Seine,
Denn du würdest den Gang, geschweige den Keller nicht finden,
Dürftest dich auch nicht hineinbegeben, er wimmelt von Schiffern
Und von allerlei Volk, und was sie da suchen, das weißt du.
Heute ist er versehn!--Er reicht ihr die Hand hin zum Abschied,
Aber sie hält ihn fest, sie schaut ihm ins Auge und schüttelt
Kindlich den lockigen Kopf, im Anfang leise und schüchtern,
Dann geschwind und geschwinder, und da er noch immer nicht

redet,
Zieht sie den Hochgewachsnen zu sich hernieder und bietet
Ihm, wie zum Danke, den Mund. Er aber weigert sich lächelnd,
Diesen Kuß zu nehmen und spricht: Das wär' ein Gelöbnis,
Hier zu bleiben, und dies vermag ich dir nicht mehr zu geben,
Denn habe den Dienst schon aufgesagt, und ich gehe
Mit den Gefährten, dem Schmied und dem Tischler, die lange schon drängten,
Wenn die Störche kommen, damit wir endlich erfahren,
Welche Reise sie machen. Das wenige, was ich ersparte,
Reicht schon aus für das Schiff, und warum gingen nur wir nicht,
Unser Glück zu versuchen! Zu Tausenden ziehn sie hinüber,
Um nach Gold zu graben im kalifornischen Boden!
Wäre der Himmel geöffnet und würde am Tore geläutet,
Wie des Abends bei uns zur Zeit der Sperre4), es gäbe
Schier kein größres Getümmel, kein ärgeres Rennen und Laufen:
Musikanten verkaufen die Fiedel, Gelehrte die Bibel,
Schuster und Schneider den Pfriem und die Nadel und eilen nach Bremen.
Von dem Bette des Kranken entweicht der gierige Doktor,
Und sein Koch ist voraus, es stoße im Mörser, wer Lust hat,
Advokaten und Schreiber verachten auf einmal die Zunge,
Die sie so lange ernährte, und rechnen auf Arme und Beine,
Der Senator bedenkt sich's, ob er denn wirklich zu dick ist,
Und der Prediger kaum hält's aus bei seiner Gemeinde.
Sollte der Ärmste da fehlen? Ich dächte doch, diesem vor allen
Wäre der Segen beschert, nur muß er sich freilich auch rühren,
Denn Sankt Nikolaus schenkt zwar die Kuh, doch nicht auch den Halfter.
Darum weine mir nicht! Ich bin ja nicht, wie die andern,
Unersättlich, und werfe das Brot, das ich habe, zu Boden,
Um nach dem Kuchen zu schnappen, ich will ja nicht mehr, als ich brauche,
Um dich mit gutem Gewissen zur Kirche führen zu können,
Und du bist es wohl wert, daß mir dies wenige werde.
Hätt' ich den Dampfer auch schon bestiegen, und würde ihn willig
Wieder verlassen, wenn hier noch ein mäßiges Glück sich mir zeigte,
Aber ebenso sicher vollbring' ich auch, was ich beschlossen,

Wenn kein Wunder geschieht und an die Heimat mich fesselt.
Knarrt nicht die Treppe? Jawohl! Man kommt! So trockne die Augen,
Daß sie nicht glauben, wir zankten! Da rollt schon der Wagen des Nachbars!
Nun, ich hol' ihn noch ein, denn meine Pferde sind besser.
Lebe denn wohl! Sie bringen in Holstein den Pudding nicht fertig,
Wenn ich nicht mache, es fehlt an frischen Rosinen und Mandeln,
Und hier brauchen wir Schinken und wohlgeräucherte Zungen!
Heller Tag! Wie die Zeit verstrichen ist! Glücklicherweise
Hat mein Alter die Gicht! Da schläft er hinein in den Morgen,
Weil sie ihn zwickt bei der Nacht fürs fleißige Schnapsen von früher,
Sonst erging' es mir übel! Es hat ihn nicht wenig verdrossen,
Daß ich nicht bleiben will und, selbst nicht offen und ehrlich,
Glaubt er, ich will den Dienst nur wechseln und nicht mit dem Spaten
Wirklich die Zügel vertauschen! Ei nun, er wird es erfahren!
Keinen Kuß? Doch die Hand! Auch die nicht? Du sollst mich noch loben!--
Damit eilt er hinweg. Sie setzt sich, um Kaffee zu mahlen,
Doch ihr rinnen die Tränen von neuem, es kann sie nicht trösten,
Daß die Raben noch krächzen und nicht die Störche schon klappern,
Denn sie weiß: Was er sagt, das tut er! Sie kennt ihn zu lange.

Zweiter Gesang.

Während dies in der Küche geschah, ist alles im Hause
Nacheinander lebendig geworden, das fleißige Mädchen
Hatte zuerst sich erhoben, in ihrer ländlichen Weise
Nach der Kälte nicht fragend, nur nach der Stunde, verdrießlich
Ist ihr nach langer Pause, mit offenen Ohren verdämmert,
Dann die zweite gefolgt und hat Kamine und Öfen
Bis zum Zerspringen geheizt, vom Schlaf erst völlig ermuntert,
Als ihr auf einmal die Haube zu glimmen begann und ein Löckchen

Sich entzündete, rasch, wie Hanf, am Feuer verflackernd,
Und die Augenbrauen, ja selbst die Wimpern ihr sengend.
Noch viel später schlüpfte der Kutscher in seine Pantoffeln:
Diesen weckt zwar gewöhnlich die Kaffeemühle, doch hütet
Er sich, aufzustehn, bevor sie wieder verstummt ist,
Denn er käme zu früh, noch wäre das Brot nicht geröstet
Oder die Sahne gesotten, das hat er längst schon berechnet,
Und ein verständiger Mann verachtet nie die Erfahrung.
Jetzt sogar bleibt ihm noch Zeit, den Thermometer am Fenster
Um den Grad zu befragen, doch ist's ihm freilich nicht möglich,
Auch nach der Uhr zu sehn, die ihm zu Häupten am Bett hängt,
Denn es wird ihm da unten zu still, sie sind schon beim Trinken.
Endlich huscht auch die Zofe hinab, das Prasseln im Ofen
Hat sie herausgetrieben, doch sind ihr die Augen noch immer
Matt, und gleichen den Lichtern, die, nachts in der Kälte
beschlagen,
Oder mit Wasser besprizt, nicht brennen wollen am Morgen.
Darum bemerkt sie's auch nicht, daß Magdalena schon weinte,
Sondern erkundigt sich bloß, ob keiner ihr Traumbuch gesehn hat.
Nur der Bediente fehlt, der muß die Klingel erst hören,
Aber er rühmt sich der Kunst, so flink in die Kleider zu kommen,
Daß er, wie schwach sie der Herr auch ziehn mag, immer schon
fertig
In das Zimmer tritt, bevor noch die Glocke verhallte:
Und da darf er's schon wagen, die Nachricht1) im Bette zu lesen.
Dennoch irrt er gewaltig, indem er das Knattern des Bodens,
Welches er über sich hört, allein dem Springen der Bretter
Zuschreibt, wenn sie auch mächtig im klingenden Winter sich
krümmen,
Denn schon lange wandelt der Kaufherr sinnend und schweigend
In den Gemächern herum, die königlich weit und geschmückt sind,
Aber nicht mit Stolz, man sieht es ihm an, und Behagen.
Vor dem Spiegel flammen in schweren silbernen Leuchtern
Noch die Kerzen, sie sind zwar nicht mehr nötig, doch mag er,
Wie er sie angezündet, sie nicht auch selber noch löschen,
Und noch weniger scheint er den Diener schon rufen zu wollen.
Jetzt beschaut er die Blumen und fremden Gewächse, sie füllen
Fast ein ganzes Gemach, und alle Teile der Erde
Haben ihr Schönstes geliefert, doch fesseln die schwellenden

Knospen,
Die er sonst wohl mustert, als wär' er in Holland geboren
Und ein Bürger der Zeit, wo Zwiebeln die Wechsel vertraten,
Diesmal ihn nur wenig, ja selbst die geöffneten Kelche
Hauchen ihm heute vergebens die heißen Düfte entgegen,
Welche den Papagei, er schließt vor Behagen die Augen
Und ist betäubt und berauscht, zurück in die Heimat versetzen.
Jetzt betrachtet er sich die neue chinesische Vase:
Altoum selbst, der Drachen und Schlangen erlauchter Gebieter,
Hat sie in Peking nicht reicher, mit Gold gefüllt bis zum Rande
Wäre sie kaum bezahlt, so selten und rein ist die Mischung
Und so brennend die Farbe! Man stellte in jedem Museum
Einen Wächter daneben, doch er, in plötzlicher Wendung
Gegen ein Bild an der Wand, der Morgen beleuchtet's gerade,
Stößt sie vom Tisch herunter, und wenn er erschrickt, so geschieht
es
Bloß des Geprassels wegen, das dennoch der türkische Teppich
Mächtig dämpft, denn er horcht, anstatt die Scherben zu sammeln
Oder auch nur zu beachten, mit angehaltenem Odem
Nach der linken Seite hinüber, wo ihm die Gattin
Schlummert im Bett von Damast, und da's dort still, wie zuvor,
bleibt,
Spricht er lächelnd: so war denn doch noch ein Glück bei dem
Unglück!
Und, als hätte er nur die Kaffeetasse zerbrochen,
Tritt er gelassen und ruhig, nicht einmal den fegenden Schlafrock
Erst um den Leib sich gürtend und weiteren Schaden verhütend,
Vor das Gemälde hin. Es ist von Rahl2), und es zeigt uns
Marius unter den Cimbern im grimmigen Würgen. Kein König
Hat es beim Meister bestellt, nicht einmal der König der Juden,
Auch kein reicher Prälat, kein Julius oder ein Bembo,
Noch viel minder ein Junker, was kümmern sie Künstler und
Dichter,
Aber der Handelsherr, obgleich zum Patron nicht geboren,
Und von manchen bespöttelt, die mit ihm rechnen und tauschen,
Rief's ins Leben, sobald er in Wien die Skizze erblickte,
Denn er sucht in Venedig und nicht in Karthago sein Vorbild.

Freilich hält ihn auch dies, so sehr er es schätzt und bewundert,

Heute nicht lange fest. Er nickt zwar, erstaunend, wie immer,
Dem gewaltigen Stier, der eben den Römer gespießt hat,
Und der entsetzlichen Mutter, die ihren eigenen Säugling
Unter die Feinde schleudert, doch greift er nicht nach der Kerze,
Um es heller zu sehn, obgleich das goldene Tagslicht
Wieder verdüstert ward durch jenes graue Geriesel,
Welches nicht Nebel bleibt und auch nicht zu Schnee sich verdichtet
Und die Finsternis mehrt, die Kälte aber nicht mindert.
Nein, er schreitet aufs neue von Zimmer zu Zimmer und heftet
Bald auf die Nipse den Blick, die Tische und Schränke ihm zieren,
Bald auf Figuren und Büsten und bald auf Stiche und Bücher.
Alles besieht er und prüft's, er späht begierig nach Lücken,
Aber er findet sie nicht, und wenn sich die Lust des Besitzes
Auch in seinem Gesicht nicht eben spiegelt, so zeigt es
Doch auch keinen Verdruß. Da fällt sein schweifendes Auge
Auf die Dresdner Madonna, mit ihrem lieblichsten Knaben,
Und den reizenden Engeln, die Raphael malte, und eilig
Wendet er's wieder ab, als sähe er, was ihn nicht freute,
Und sein ruhiger Ernst verwandelt in Schmerz sich und Trauer.
Wär' nur das Stück kein Geschenk, ich würd' es noch heute entfernen,
Spricht er, aber ich darf's nicht wagen, und dennoch vergoß sie
Oft schon Tränen davor, sie kann in der Fürstin des Himmels
Nur noch die glückliche Mutter erblicken und ließe ihr willig
Für den flüchtigsten Kuß des Kindes die ewige Krone.
Wär' doch der Tag erst vorüber, besonders der Abend! Die Domzeit3)
Macht sie fast immer krank. Was schelt' ich den göttlichen Künstler
Und sein köstliches Blatt! Die quiekendste Weihnachtstrompete,
In der schmutzigsten Twiete4) vom garstigsten Rangen geblasen,
Tut ihr ja eben so weh! Die bunten, beleuchteten Buden,
Welche den Gänsemarkt den ganzen Advent so beleben,
Schneiden ihr tief in das Herz. Sogar die Juden am Steinweg
Mit den Karren voll Tand entlocken ihr seltner das Lächeln
Halber Ergötzung, nach dem ich oft Wochen vergebens mich sehne,
Als den Seufzer des Grams. Denn neben den scharfen Gesichtern,
Die das häßliche Schreien verzerrt, bemerkt sie noch immer

Auch die Öchslein und Esel von Zinn, mit denen sie trödeln,
Und um die sich begierig die Knaben und Mädchen versammeln,
Und da kehren sogleich die bittren Gefühle ihr wieder.
Nun, es geht ja zu Ende! Wenn nur nicht heute gerade
Alles so übel sich träfe! Der Affe ist nicht gekommen,
Weil das Schiff, das ihn trug, verschlagen wurde, die Vögel
Freilich sind eingetroffen, doch scheinen sie krank, und ich werde
Schon zufrieden sein, wenn sie nur leben bis Neujahr.
Wäre die Blumenuhr nicht da, ich müßte verzweifeln,
Denn hier fehlt es an nichts, und alles ist dreifach vorhanden,
Aber es wird sie zerstreun, es wird sie vielleicht gar erfreuen,
Wenn ihr die persische Rose, bis auf die letzte Minute
Fest geschlossen, den Mittag, die türkische Tulpe den Abend,
und der Jasmin von Athos die Mitternachtsstunde verkündigt,
Ja, es wird sie erfreun, die Schritte des Tages an Düften
Abzuzählen und Farben, die alle Wunder der Ferne
Vor die Seele ihr rücken! Er wiederholt es und klingelt
Endlich dem Diener: ihm folgt sogleich auf dem Fuße der Doktor,
Welcher, des Hauses Freund und alter Vertrauter, sein Vorrecht
Braucht, und das um so eher, als er schon lange gewartet.

Ei, da sind Sie ja--ruft ihm der Kaufherr freundlich entgegen--
Ich bin auch schon bereit, hier liegen in Gold und in Silber
Ihre Summen, und wollen Sie mehr, so kommen Sie wieder!
Nun verschonen Sie mich mit Ihren Berichten, ich mag nicht
Wissen, wo Sie es lassen, ich mag die Perlen nicht sammeln,
Welche aus Freudentränen bestehen sollen, ich müßte
Sonst auch den Ärger verwinden, wenn unser Pfenning nicht
wuchert,
Wie er wohl könnte. Sie lächeln? Sie glauben, daß ich nur scherze
Oder mich selbst verleumde, weil jede Erfahrung mir mangelt?
Freund, ich habe sie nicht aus Grille gemieden! Sie zweifeln?
Kennen Sie wirklich das Herz des Menschen so wenig? Die Bäume,
Welche er pflanzt und begießt und säubert von Raupen und
Würmern,
Werden ihm nimmer zu grün, doch leicht die Armen zu fröhlich,
Und ein Heiliger wird nicht jeder durch Essen und Trinken,
Welche ein Märtyrer ist durch Hungern und Dursten und Frieren;
Wen man aber beschämt, den wird man zugleich auch erbittern.

Darum soll man die Kluft, die zwischen dem Geber und Nehmer
Einmal besteht, durch Milde nicht füllen wollen, man kann's nicht,
Nein, man soll sie mit Nacht, mit heiligem Dunkel bedecken,
Und, wie der Ewige selbst, ins tiefste Geheimnis sich hüllen.
Denn es ist nicht genug, daß bloß die Rechte nicht wisse,
Was die Linke tut, sie soll es auch selber vergessen;
Reiche den Becher und wende dich ab, so wirst du erquicken!
Sie verhalten's darnach--entgegnet der Doktor mit Rührung--
Sie entkleiden die Pflicht des einzigen Reizes und üben
Jede um Gottes willen, nur nicht die Stirne gerunzelt,
Heute müssen Sie's hören, ich heiße seit Jahren das letzte
Unglück aller Heroen, und meine verrufene Zunge
Schont auch so wenig den Cäsar, als Bonaparte und Friedrich,
Oder die hohen Poeten, die immer mit Worten bezahlen,
Aber wenn ich das Große in Völkerwürgern und Künstlern,
Wie sie auf Ihren Gesimsen zu Hunderten prunken im Lorbeer,
Auch nur selten entdecke, das Edle vermag ich zu schätzen,
Und, wer nie noch geschmeichelt, der scheint mir berufen, zu
loben.
Wären Sie nur auch so glücklich, als gut! Wie ging es denn
gestern?--
Aber der Kaufherr seufzt und spricht mit stockender Stimme:
Nun, Sie wissen's am besten, wie sehr die Woche der Kinder
Ihr die Hölle im Busen entzündet, das Schlimmste ist aber,
Daß mit jeglichem Jahre die Qualen sich steigern und mehren.
Ehmals lenkte sie selbst vom Weihnachtszimmer das Auge
Auf die Krankenstube, vom Tannenbaum mit den Kerzen
Auf die Trauerweide hinüber und fand sich getröstet:
Jetzt erblickt sie nur noch die festlichen Räume des Jubels,
Aber der Kirchhof rückt in immer weitere Ferne,
Und doch stehen die Särge so nah an den Wiegen und werden,
Wie wir es selbst schon erlebt, an teuren Verwandten und
Freunden,
Oft aus dem nämlichen Baum vom nämlichen Meister gehobelt,
Ja, ich fürchte für sie, ich will es nicht länger verhehlen,
Und Sie fürchten sich auch, obgleich Sie's mir nicht bekennen,
Und so mag es wohl kommen, daß sich der letzte der Bettler,
Welchen ich heute beschenke, noch glücklicher fühlt, wie ich
selber,

Denn sie ist mir der Mund, mit dem ich esse und trinke.
Ihrethalben könnte ich wünschen, wir wären katholisch,
Wenn ich sie hoch auch ehre, die protestantische Freiheit,
Und ihr göttliches Recht auf jeglichen wahren Gedanken,
Wie es der zwölfte Apostel, denn Judas hat sich gestrichen,
Wie es der eiserne Luther mit feuriger Zunge erkämpfte.
Denn da dürft' ich mit ihr von einem Orte der Gnade
Zu dem anderen pilgern, und erst am heiligen Grabe
Zu Jerusalem würde die Hoffnung völlig erlöschen,
Aber da wäre zugleich doch auch das Leben zu Ende.
Was mich selber betrifft, so fand ich mich längst in mein Schicksal,
Denn ich hab's nicht verschuldet, es ward mir von oben gesendet,
Und ich glaube den Finger des Ewigen deutlich zu sehen.
Sie verwundern sich, Doktor? Vernehmen Sie, wie ich es meine.
Wissen Sie, was mich zumeist am großen Brande entsetzte,
Welcher ein Fünftel der Stadt in Asche legte vor Jahren?
Nicht die flammenden Straßen mit ihren donnernden Häusern,
Welche vor dem Minieren gen Himmel flogen und barsten;
Nicht der tückische Wind, der, wie ein dämonisches Wesen,
Immer sich drehte, sobald die Spritzen Meister geworden;
Nicht die lodernde Börse mit all den Kaisergestalten,
Die das römische Reich, doch auch uns Bürger bevogtet;
Nicht die grünlichen Flammen der Türme, welche von Kupfer
Sich ernährten und Blei und gräßlichen Regen verspritzten;
Nicht der endliche Sturz von Nikolai und Petri5),
Fast so entsetzlich für uns, als bräche die Erde zusammen;
Nicht einmal das Geheul der Feuerglocken, die alles
Überwimmerten, selbst die Stunden-Uhren, so daß man
Keine einzige hörte, als wären die Zeiten vollendet,
Und als müßte der Richter nun gleich in den Wolken erscheinen:
Alles dieses verschwand mir gegen die Hungergesichter,
Welche mit Ratten und Mäusen verschüchtert zutage sich drängten,
Ja, sie kamen mir vor, als sollten sie klagen und zeugen
Und erwarteten nur noch den Engel mit seiner Posaune.
Welche ein Elend erblickt' ich! Und tief, wie unter der Erde,
War es verborgen gewesen, und stahl sich, als wäre es Sünde
Gegen die glücklichen Brüder, auch jetzt noch zögernd und ängstlich,
Und vom dräuenden Tode gejagt, hervor aus den Löchern!

Männer, Weiber und Kinder! Und das im christlichen Hamburg,
Welches der Armen und Kranken doch wahrlich nie noch
vergessen.
Fast mit Grausen gedacht' ich der eigenen Güter und schämte
Mich des eigenen Kummers! Allein nicht lange verharrt' ich
In dem stumpfen Entsetzen: mir schien auf einmal das Rätsel
Meines Lebens gelöst. Für diese strömen die Schätze
So zusammen bei dir, und wenn es am Erben dir mangelt,
Ist's der Verzweifelten wegen! So rief's in mir, und so ruft es
Bis zur Stunde noch fort! Ich möchte, wie Fugger in Augsburg6),
Ein Asyl begründen, in welchem es nimmer an Mitteln,
Eher an Dürftigen fehlte. Man spricht von roten Gespenstern,
Die man mit Pulver und Blei verscheuchen müsse. Sie sind wohl
Noch viel leichter zu bannen: man gebe ihnen zu essen,
Und, anstatt die Erde in unersättlicher Goldgier
Auszuschmelzen und dann als Schlacke liegen zu lassen,
Wie es ein Rothschild tut, bestelle man Wüsten und weise
Ihnen die Äcker an! Das heißt, sich selber beschützen,
Denn wir besitzen die Habe noch nicht, wie Arme und Beine,
Die wir freilich mit keinem zu teilen vermögen, und sollen
Nicht vergessen, was Moses gebot und Christus voraussetzt:
Fürchterlich könnt' es sich rächen! Ich würde mit Freuden
beginnen,
Und mir wär' es genug fürs Leben und sicher fürs Sterben,
Wenn ich mir sagen dürfte: Du wirst bis ans Ende der Zeiten
Hier die Hungrigen speisen und so den heiligen Frieden,
Denn ihn bricht nur die Not, auf ewig im Innern besiegeln!
Ja, mir wär' es genug! Doch sie ist anders geschaffen,
Sie entbehrt die Tochter, wenn ich auch den Sohn nicht vermisse,
Und der heimliche Gram verzehrt ihr leise die Kräfte.
Anfangs freute ich mich, daß sie am heutigen Morgen
Nicht so früh, wie gewöhnlich, erwachte, aber es währt mir
Jetzt schon wieder zu lange: sie hat die Nacht nicht geschlafen,
Und ein trauriger Tag wird folgen! Sie kommen doch abends?
Sicher!--versetzte der Doktor--und einen eignen Gedanken
Bringe ich mit: Sie mögen ihn nun als töricht verwerfen
Oder, wie ich, als tröstlich mit einiger Freude begrüßen,
Immer verdient er die Prüfung. Ich war vorhin in der Küche,
Und da fand ich das Mädchen vom Lande in bitteren Tränen,

Das gesunde und frische, das ich dem Hause empfohlen.
Sie eröffnete mir ihr Herz, denn seit ich vom Fieber
Sie befreite, vertraut sie mir, als wär' ich ihr Vater.
Ei, wie bunt ist die Welt! Hier oben fehlt es an einem
Und dort unten am andern! Es wäre vielleicht noch zu helfen,
Wenn man die Hände sich böte. Denn: Alles beruht ja auf
Mischung!
Sagt Apotheker Franz, der Helgoländer, und kämen
Mit den Kräutern des Berges die Kräuter des Tals nicht zusammen,
Würde kein Übel geheilt! Ei nun, wir wollen's versuchen.
Nur nicht zu früh erwarten Sie mich. Ein glücklicher Schneider,
Dem sie unter die Arme gegriffen haben, erlaubt sich
Mit den Seinigen heute den ersten Pudding. Er lud mich,
Und ich möchte wirklich das kleine Fest nicht versäumen,
Denn nicht lieber seh' ich den Regenbogen am Himmel
Als im Menschengesicht die wiedererwachende Freude.

Dritter Gesang.

Rasch entfernt sich der Doktor, denn viel noch hat er zu schaffen,
Auch den Kaufherrn ruft gar manches ab, doch verwundert
Schaut er dem Alten nach und denkt: was mag er nur meinen?
Plötzlich fühlt er von hinten sich innig umschlungen, die Gattin
Hat sich ihm leise genähert, und wie er sich wendet, erstaunt er
Über den klaren Blick des reinen Auges und freut sich,
Sie so ruhig zu finden. Sie küßt ihn herzlich und drückt ihn
Mehrmals gegen die Brust, als wäre der Morgen der Hochzeit
Wiedergekehrt, an dem sie, dem Kreise der Schwestern
entschlüpfend,
Die nach in ihr schmückten, und über die trennende Schwelle
Ihm entgegenhüpfend, an welcher er schüchtern und lauschend
Stehen geblieben war, dem fast Erschreckten bewiesen,
Daß sie nur darum so lange das kargste der Mädchen gewesen,
Um als reichste der Bräute noch in der letzten der Stunden
Für die erduldete Strenge ihm überschwenglich zu lohnen.
Denn, wie mancher Baum, zu dessen Füßen die Veilchen

Schon ihr Leben verhauchen und den die mildesten Lüfte
Unermüdlich umschmeicheln, nicht eine einzige Knospe
Öffnet, bevor der Mai den Frühling göttlich besiegelt:
Also hatte auch sie sogar dem Verlobten noch vieles
Abgeschlagen, was selbst die sprödeste Sitte gestattet
Und die sorglichste Mutter nicht rügt, und still sich bescheidend
Hatt' er's ertragen, obgleich nicht ohne quälende Zweifel.
Aber, wie solch ein Baum zuletzt die innere Fülle
Auch in heißeren Düften und volleren Blüten entbindet,
Als die übrigen alle, die nichts zusammengehalten:
Also hatte auch sie auf diese einzige Stunde,
Die mit Geben beginnt, um nicht mit Fordern zu enden,
Alle Wonnen gehäuft und ihn im Tiefsten beschwichtigt.
Unvergeßlich war ihm der Morgen, doch ward er nur selten
Wieder an ihn erinnert, und heute am wenigsten hätt' er
Dieses Zeichen der Liebe von ihrer Seite erwartet.
Feurig erwidert er's ihr, und als sie sich endlich ihm weigert,
Spricht er: wir stritten uns oft, ob fallende Früchte am besten
Schmeckten, oder gepflückte, ich hatte soeben von beiden,
Und ich finde sie gleich. Du aber sag' mir zuletzt noch,
Was mir den innigen Gruß verschafft hat, den ich so zärtlich
Nicht erhielt, seitdem ich von Philadelphia kehrte,
Und auch da wohl nur, weil eine verlogene Zeitung,
Sei sie noch jetzt mir gepriesen, mich scheitern ließ und versinken,
Als ich die Elbe bereits mit günstigem Winde hinauftrieb.
Sanft errötend versetzt sie: Du warst mir wieder gestorben,
Und so sehr ich den Traum auch hasse, weil er ein Nichts ist
Und mich dennoch beängstigt: für diesen könnte ich danken!
Laß mich schweigen, ich habe gelobt, nicht wieder zu weinen,
Und ich müßte vielleicht, wenn ich noch weiter erzählte,
Aber, du sollst schon sehn. Jetzt kenn' ich die Öde, jetzt weiß ich,
Was es bedeutet, allein in weiten Gemächern zu sitzen,
Alle Stunden des Tages zu zählen und doch sich bei keiner
Sagen zu dürfen: nun tritt er herein, nun prüft er die Mienen
Deines Gesichtes und beut, sobald sie ihm traurig erscheinen,
Dir die Rechte als Freund, sobald sie ermunternd ihm lächeln,
Dir die Lippe als Gatte! Jetzt hab' ich's in Wahrheit empfunden,
Nicht aus Grille bloß mir eingebildet! Drum will ich
Dir in allem auch folgen! Es gibt der Waisen so viele

In dem großen Hause, das jeglicher segnet1), der Reigen,
Welcher zu Pfingsten die Straßen durchzieht, daß er Bürger erfahre,
Wie man sie kleidet und nährt, ist jährlich noch immer gewachsen:
Nehmen wir eine heraus! Wir könnten heute noch wählen,
Wenn du denkst, wie bisher! Ein Knabe oder ein Mädchen,
Was dir gefällt, ist mir recht! Wir machen einen auf Erden,
Zweie im Himmel glücklich! Ich werde dich selber begleiten.
Wiederhol' es mir morgen--versetzt er mit Lächeln--so wollen
Wir es weiter bereden. Ich denke es anders zu machen,
Wenn es dein Wille bleibt. Warum der sterbenden Mutter
Nicht sogleich aus den Armen den Säugling nehmen und, gänzlich
Über sein Schicksal beruhigt, ins Grab sie senden, warum ihn
Erst von Fremden empfangen? Doch alles dieses auf morgen!
Denn wie sehr ich mich auch der schönen Wallung erfreue,
Welche dich heute bewegt, ich werde sie nimmer mißbrauchen,
Und sie kommt mir zu rasch, als daß ich ihr völlig vertraue!
Damit geht er von hinnen, denn lange schon warteten seiner
Ungeduldig die Schreiber. Doch kann er's nicht lassen, noch einmal
An der Tür sich zu wenden. Mir lobe noch einer die Mädchen!
Ruft er dann und enteilt. Und wahrlich, er durfte es wagen,
Denn die hohe Gestalt im weißen Morgengewande
Mit den glühenden Augen und reichlich wallenden Locken
Ist vollendet zu nennen in stolzer Erscheinung, es deutet
Nichts zurück auf die Jugend, das unentwickelt und unreif
Nicht zu zeitigen wäre, und nichts hinein in das Alter,
Das sich zu voll schon zeigte, es ist die reizende Mitte
Zwischen Blüte und Frucht, der köstliche Gipfel des Lebens,
Wo in holdester Pause die endlich gesättigten Kräfte
Ihren Sabbat feiern und nur mit sich selber noch spielen.
Tief, wie nie noch, ergriffen von ihrer Macht, zu beglücken,
Sieht sie dem Eilenden nach. Ein eigener Schauder erfaßt sie,
Als sein treues Gesicht, das freilich derb, wie ein Holzschnitt
Aus den ältesten Zeiten, nur krampfhaft lachen und weinen,
Aber nicht lächeln kann, mit fröhlichem Nicken verschwindet
Und die Türe sich schließt. Denn diese hat sie im Traume
Immer vor sich gehabt und alle Schrammen und Ritzen,
Welche sogar Magdalenen beim emsigsten Bohnen entgingen,
Deutlich sich eingeprägt. Er sollte kommen und kam nicht,
Aber statt seiner erschien nach langem ängstlichen Harren,

Während es die Minuten vorüberkrochen, wie Stunden,
Schwarz gekleidet der Schneider und fragte mit ernsten Gebärden,
Ob es ihr jetzt gefalle, die Trauer zu wählen, es warte
Draußen auch schon der Zeichner mit einem Modell zu dem Denkmal,
Den sie bestellt, wie ihn selbst, das Werk sei herrlich geraten,
Ganz besonders die Büste des Abgeschiednen, nicht treuer
Hänge sein Bild an der Wand vor ihren eigenen Augen,
Als es sich über dem Grabe zur größte Zierde des Kirchhofs
Bald, in Eisen gegossen, erheben werde! Da war sie
Vor Entsetzen erwacht und mit unendlicher Rührung
Hatte sie durch das Spiel der Glocken hindurch2), wieder es stündlich
Von den Türmen erschallt in frommen Choralmelodien,
Seine Stimme vernommen und rasch und still sich erhoben.
Tief war das Herz ihr beklemmt. Der Fluch des ganzen Geschlechtes,
Daß es nicht schätzt, was es hat, und überschätzt, was es nicht hat,
Drückte sie so darnieder, als wäre nur sie ihm erlegen,
Während doch alle zusammen den Duft der lockenden Früchte
Gleich beim Pflücken verwischen, und weil sich zwischen den Fingern
Freilich das Gold nicht findet, das auf den Zweigen so reizte,
Neu verlangend den Baum erklettern, um aber und aber
Ihn zu plündern und sich zu täuschen! Der bittre Gedanke,
Ihrem Gatten wohl oft durch ihr verdüstertes Wesen
Stille Freude getrübt und edel verheimlichten Kummer,
Statt ihn zu lindern, erhöht zu haben, verließ sie nicht wieder:
All die kleinen Momente, an denen das Leben so reich ist,
Wo ein freundlicher Blick mit einem finstern erwidert
Wurde, ein herzliches Wort mit einem kalten und leeren,
Traten in greller Beleuchtung vor ihre geängstigte Seele,
Und sie fand nicht den Mut, ihm guten Morgen zu sagen,
Eh' sei ein stilles Gelübde im tiefsten Gemüte beschworen.
Fest auch steht ihr Entschluß, es unverbrüchlich zu halten,
Ja, sie wiederholt's, indem sie der Türe den Rücken
Wendet, die ihr den Traum so klar ins Gedächtnis gerufen,
Daß sie ihr Auge bisher, wie magisch, an sich gefesselt.

21

Als sie ins eigne Gemach zurückkehrt, trifft sie die Zofe
Eben vorm Spiegel: sie möchte von Magdalenen berichten,
Die sich bei ihr erkundigt, ob Kalifornien weit ist
Und ob wirklich die Straße mit Totengerippen gepflastert,
Wie sie auf ängstliches Fragen bei Hoffmann und Campe erfahren.
Aber die Törin errötet und schleicht sich davon, als sie plötzlich
Ihre Herrin, anstatt auf sie zu hören, die Nadel
Greifen sieht, um vor Nacht noch die längst begonnene Arbeit,
Welche schon aufgegeben erschien, für den Herrn zu vollenden.
Denn die Neugier will's durch tätige Buße beweisen,
Daß sie verwandelst ist, und wirklich wird sie noch fertig,
Wenn auch im Laufe der Stunden gar manche ihrer Bekannten
Prunkend und prahlend erscheinen, gehüllt in die neuesten Roben,
Welche Paris geliefert, und brennend, Neid zu erregen,
Oder zum wenigsten doch in stiller Bewundrung zu schwelgen.
Ja, sie werden sogar, obgleich sie nur stören und hindern,
Besser empfangen, wie sonst, und finden offnere Ohren,
Für ihr erstaunliches Glück, das Mode-Journal zu beschämen.
Denn es will ihr dünken, als hätten sie, tändelnd und gaukelnd
Und die schillernden Flitter aus kindischer Freude am Wechsel,
Wie die Vögel sich mausern, vertauschend und wieder
vertauschend,
Sich vor Schlimmrem bewahrt, sie schaut nicht mehr mit
Verachtung
Auf die Schwestern herunter, es scheint ihr doch besser, zu spielen,
Als beständig zu brüten, den Liebsten aber zu quälen.
So vergeht ihr der Tag in furchtbar-ernster Betrachtung,
Welche sie über sich selbst im Geist erhebt und sie kräftigt,
Während im zierlichen Fleiß der Finger das Herz sich erleichtert.
Und es naht sich der Abend. Nun gilt's noch, die Gaben zu ordnen,
Die sie bestimmt fürs Haus--seit Jahren tat es die Zofe--
Dann, sich festlich zu schmücken, und beides dauert so lange,
Daß der Doktor erscheint, bevor sie noch selber gekommen.
Überglücklich begrüßt der Kaufherr ihn und erzählt ihm,
Was am Morgen geschehn, und wie es weiter gegangen.
Doch der Alte erwidert als Prüfer der Herzen und Nieren:
Einer Genesenden gleicht sie, und alle Genesenden fühlen,
Wenn sie das Übel verließ, sich frei von Wunsch und Verlangen,
Denn sie haben das Maß des Menschlichen wieder gewonnen,

Das die Begierde zerbrach, und wollen nur leben und atmen.
Aber das ändert sich wieder. Drum muß man die Pause benutzen,
Und so fatal mir der Pastor mit Sakrament und Ermahnung
Auch in der Krisis ist, so gern doch seh' ich ihn nahen,
Wenn ich selbst mich entferne, denn rein ist der Boden von
Unkraut,
Und der göttliche Same mag Wurzel fassen und treiben.
Also wollen wir's auch mit ihr verhalten, und hat sie
Selbst den Entschluß gefaßt, der einzig hilft auf die Länge,
Denn, was Juden als Fluch, gilt Christen noch immer als Unglück,
Und die bittre Empfindung wird wieder und wieder sich regen,
Nun, so müssen wir sorgen, ihn rasch in die Tat zu verwandeln,
Und es trifft sich besonders!--Da öffnet sich plötzlich die Türe
Und im seltensten Putz, sie weiß, wie sehr es ihm schmeichelt,
Wenn sie die eigenen Reize erhöht durch seine Geschenke,
Tritt die Gattin herein. Er eilt ihr entgegen, der Alte
Folgt ihm aber sogleich, und zwischen sie tretend und beide
An den Händen fassend, beginnt er eifrig von neuem:
Unten verbringt das Mädchen, das ich dem Hause empfohlen,
Weinend den ganzen Tag, weil ihr Verlobter im Frühling
Nach Amerika will, um dort entweder zu sterben,
Oder so viel zu erwerben, als nötig ist für die Heirat;
Hier vermißt Ihr das Kind, das jetzt mit leuchtenden Augen
Und mit glühenden Wangen von einem Tische zum andern
Hüpfen sollte und Euch durch Händeklatschen und Jubeln
In die Jugend zurückversetzen! Da möcht' ich doch raten:
Gebt das Paar zusammen und macht den Erstling zum Erben!
Edel sind sie und brav, Ihr werdet es nimmer bereuen,
Wenn das Wort sich bewährt, das alte, vom Stamm und vom Apfel,
Und so sicher Ihr selbst das Kind ins Leben gerufen,
Ebenso sicher auch werdet Ihr's inniger lieben, wie eines,
Denn Ihr wählt's Euch nicht aus, Ihr fragt nicht nach Augen und
Haaren,
Wie es doch sonst wohl geschähe, es wird Euch von oben
gesendet,
Wie den Eltern, auch seid Ihr so heilig, wie diese, gebunden
Und Ihr heißt es vielleicht, als wär' es ein eignes, willkommen.
Ja, es könnte sogar für Euer eigenes gelten,
Wenn Ihr wolltet, Ihr nähmet die Mutter mit auf die Reise,

Welche Ihr jährlich macht, und kämet ohne sie wieder:
Sie vergäß' es über das zweite und fände sich glücklich
Ander Seite des Gatten in Hülle und Fülle des Wohlstands,
Aber es würde bei Euch auf einmal lebendig und fröhlich,
Denn was die Pendel den Uhren, das sind die Kinder den Häusern!
Sie erwidert dem Alten mit Hast und fiebrisch errötend:
Dieses wäre das Beste, und also muß es auch werden!
Was sie auch immer verlangen, so werden sie alles erhalten,
Aber bevor noch der Säugling den Mutter-Namen gestammelt,
Muß sie sich trennen von ihm, denn mich nur darf er so nennen!
Da entgegnet der Doktor: So sprech' ich denn gleich mit dem Mädchen!
Und er verläßt das Gemach. Sie eilt ihm nach bis zur Türe,
Unwillkürlich gedrängt, ihn umzurufen, doch hält sie
Auf der Schwelle noch ein und sagt, zum Gatten gewendet,
Der sie verfolgt mit dem Blick: Nicht wahr, wir dürfen es nehmen,
Wenn sie selber es geben? Er holt sie zurück und erwidert:
Dieses gelt' uns als Zeichen! Doch, wie sie auch immer sich fassen:
Wir vereinigen sie! Das hab' ich schon still mir geschworen.
Was auch siege im Kampf: der Wunsch, ihr Kind zu behalten,
Oder es glücklich zu wissen, und glücklich können wir's machen,
Ruhig warten wir's ab, denn wahrlich, ich will sie belohnen.
Abraham wurde geprüft, er sollte den Isaak schlachten,
Und er fand sich bereit. Doch nicht, als er trauernden Herzens,
Aber mit lächelnden Mienen, der Sarah den Liebling entführte;
Auch nicht, als er den Berg mit zitternden Knieen hinanstieg,
Oder den Opfer-Altar mit bebenden Händen erbaute;
Nicht einmal, als er schaudernd dem Knaben das Hälschen entblößte,
Erst, als das Messer schon blinkte, erschien ihm der rettende Engel!
Diese brauchen nur Nein zu sagen, so ist es bestanden.
Darum fürchte dich nicht der Sünde in deinem Gewissen:
Denn sie gewinnen das Leben und setzen sich selbst die Bedingung.
Aber nun sieh dich doch um, betrachte die Vögel und Blumen,
Die dich so freundlich begrüßen und sage mir, ob ich's getroffen?
Sie entgegnet: ich habe da drüben für dich auch ein Tischchen,
Wenig zwar liegt nur darauf, allein du bist ja genügsam,
Und ich kam, dich zu rufen!--Doch viel zu bewegt sind sie beide,
Um hinüber zu gehn, sie scheinen's nicht einmal zu merken,

Daß die türkische Tulpe vor ihren Augen sich öffnet,
Ja, sie würden nicht horchen, wenn plötzlich die Sterne erklängen.
Bald auch kehrt der Doktor zurück mit vergnügtem Gesichte,
Ihn begleitet das Mädchen. Sie ist, wie zum Tode, erblichen,
Aber sie lächelt dabei. Sie möchte reden und danken,
Doch sie versucht es umsonst; so sinkt sie der Herrin zu Füßen.
Diese erhebt sie und küßt sie. Da schallen Hörner und Zinken
Fromm von der Straße herauf. Nun wirft sie sich abermals nieder,
Aber sie faltet die Hände und blickt gen Himmel. Die Gatten
Knieen neben ihr ihn, und also schließt sich die Weihnacht.

Vierter Gesang.

Abend ward es und Nacht, eh' Christian kehrte aus Holstein,
Denn die grimmige Kälte war umgeschlagen, es hatte
Tüchtig geschneit und die Wege verschüttet, da galt es, zu
schaufeln,
Aber das tut der Bauer allein für die Posten des Königs.
Endlich rollt ein Wagen, er ist gar leicht zu erkennen
An dem muntern Geklingel der schellenbehangenen Pferde,
Vor dem Hause vorbei, und Magdalena, die längst schon
Ungeduldig geharrt und gespäht durch das niedrige Fenster,
Ruft ihm, mit hastigen Händen das eingefrorene öffnend,
Über die Straße entgegen: Ich muß dich heute noch sprechen!
Mit der Peitsche knallt er ihr lustig die Antwort herunter,
Und, durch diese Bewegung die Kruste vom Leibe sich schüttelnd,
Wird er wieder zum Menschen; bis dahin war er ein Schneemann.
Jetzt auch währt es noch lange, bevor er kommt, denn die Tiere
Wollen das Ihrige haben, und nicht dem eignen Besitzer
Würd' er sie anvertrauen, er muß sie selber besorgen.
Aber, nachdem er sie alle mit wärmenden Decken behangen
Und in die reinlichen Tröge den goldenen Hafer geschüttet,
Auch den Wallach, er ist es gewohnt, mit Kümmel erquickt hat,
Wechselt er rasch die Kleider und eilt, bevor er die Kammer
Mit dem Weihnachtsgeschenk auch nur betreten, hinüber,
Denn es ist ihm zu neu, sein Mädchen rufen zu hören,

Um nicht zu brennen, sogleich den Grund zu erfahren. Er trifft sie
Ganz allein in der Küche bei ihrer Lampe, die andern
Sind zum Tanz und die Zofe ist gar, wie sie's nennt, in Visite,
Und er verwundert sich sehr, sie unbeschäftigt zu finden,
Denn er sieht nicht die Schere und auch nicht die Nadel und
dennoch
Kann sie, das weiß er, nicht atmen, so lange die Finger ihr ruhen,
Und sie beklagt es noch immer, im Hause nicht spinnen zu dürfen.
Aber, wie wächst sein Erstaunen, als sie, die Schämige, Scheue,
Gleich an den Hals ihm fliegt, und wieder und wieder ihn drückend,
Spricht: Du darfst mir nicht fort, dich sollen die Bären nicht
fressen!
O, ich weiß es gar wohl, was über dem Meer dich erwartet,
Wenn du auch Wellen und Winden entgehst, die manchen
verschlingen,
Und den Menschenverkäufern, die schlauer, wie ehmals die Werber,
Ihre Netze zu stellen verstehn, ich hab' es erkundet,
Denn noch nie ist das Herz mir bedrängt gewesen, wie gestern,
Und so nahm ich mir Zeit. Zu Tausenden liegen die Toten
An der Straße und weisen dich stumm zurück in die Heimat,
Wenn du sie aber verachtest, die schweigenden Warner, wie viele,
Und nur Zeichen des Weges in ihnen erblickst, die man ruhig
Hinter sich läßt, wie bei uns die Meilensteine, so wirst du
Endlich selber zu einem. Und kämst du auch wirklich ins Goldland,
Ohne vorher zu verhungern, und wärst so glücklich, die Ader
In der Erde zu treffen und auszubeuten, so wirst du,
Eh' du ein Schiff noch erreichst, von Dieben und Räubern
erschlagen,
Denn der Teufel regiert, und einer tötet den andern,
Um nicht graben zu müssen und dennoch Schätze zu häufen!
Lache, so lange du willst, du machst mich wahrhaftig nicht irre:
Kalifornien ist der offene Rachen der Hölle,
Welcher sich plötzlich geöffnet, um Seele und Leib zu verderben,
Doch, was red' ich, du bleibst, und so ist alles vorüber!
Christian aber erwidert, sich ihren Armen entwindend:
Immer hab' ich dich sonst gefaßt und besonnen gefunden,
Hat denn deine Natur auf einmal sich völlig verändert?
Gehen werd' ich gewiß, doch hätt' ich dir's gern noch verborgen,
Um dir das Fest nicht zu trüben, allein der Schmied und der

26

Tischler

Haben geplaudert, da wär' es dir dennoch zu Ohren gekommen
Und du hättest am Ende geglaubt, ich wollte dich täuschen,
Darum mußte ich's sagen. Nun aber rede nicht weiter,
Monde noch nennen wir unser, warum sie sündlich verjammern?
Nein, wir wollen sie ruhig in Frieden und Freude verbringen
Und in der Stunde der Trennung dem Vater im Himmel vertrauen,
Deinetwegen allein wird dieser mich segnen und schirmen!
Aber sie lächelt und spricht: Du brauchst nicht die Reise zu machen,
Um es bestätigt zu finden, es hat sich schon jetzt so erwiesen!
Siehe, ich flehte ihn an, die Prüfung, wenn auch nicht gänzlich
Mir vom Haupte zu nehmen, so doch in Gnaden zu wenden,
Und er hat mich erhört. Was sollte ich nun nicht ertragen,
Da du mir bleibst und mir hilfst! Es komme, was wolle, ich werde
Sicher nicht murren und klagen! Doch diesem wär' ich erlegen.
Aber du weißt ja noch nicht! Vernimm's und erstaune! Die Herrschaft
Steuert mich aus, und sie gibt auch dir ein reichliches Erbe.
Schüttle nur nicht mit dem Kopf, es ist so, wie ich dir sage,
Haus und Hof sind unser, sobald wir wollen, man wartet
Oben schon lange auf dich, so geh und höre das Weitre!
Aber der Jüngling versetzt, am Tische sich lehnend, wie schwindelnd:
Sind denn wirklich die Engel noch nicht von der Erde verschwunden,
Und was hab' ich getan, daß sie um mich sich bekümmern?
Doch, was frage ich noch! Nur deinethalben geschah es!
Soll ich denn alles in allem dir schuldig werden? Wie vieles
Hab' ich dir längst zu verdanken! Ich fühl' mich nicht besser, wie andre,
Und ich würde vielleicht, wie sie, im Taumel mich drehen,
Bis ich mich selber verlöre, wenn du nicht wärest! Für alles
Kommt der Tag der Versuchung. Das tägliche Leben und Treiben
Widert jeden, sobald ihn die Hoffnung verläßt, und sie wechselt
Gern, wie der hüpfende Vogel, den Baum. Da greift er zum Glase,
Um sich selbst zu betäuben, und hatten die Karten so lange
Feurige Ränder für ihn, die an den Teufel ihn mahnten,
Der sie zuerst gemalt und herumgegeben, so scheinen

Sie ihm plötzlich vergoldet und locken durch alle Figuren.
Siehe, da ist er geliefert, wenn nur noch Gottes Gebote
Ihm die Straße zur Hölle versperren, wenn Vater und Mutter
Ruhig im Grabe ihm schlummern, und noch kein sorgliches Mädchen
An die Stelle der beiden trat. Die Sterne des Himmels
Zittert der nicht, zu verfinstern, und wenn sie zu schrecklich ihm funkeln,
Schaut er nimmer hinauf, allein das Auge der Liebe
Ist gar leicht zu trüben und seinen ängstlichen Blicken
Kann sich keiner entziehn, da fühlt sich der Mensch denn gehalten!
So erging's mir mit dir. Ich hatte die Eltern verloren,
Und nun war ich gezwungen, an mich zu denken. Das hatte
Ich bisher nicht getan, es war mir genug, mit den Segen
Zu verdienen, mit dem ich als Knabe ihr Hüttchen verlassen,
Um dem Bauern das Vieh zu hüten, zuerst nur die Gänse,
Dann die Schweine und Schaft, und endlich die Ochsen und Kühe,
Und ich fühlte mich glücklich, für sie zu sorgen, auch hielt ich
Ihnen die Not von der Tür. Da raffte die tückische Seuche
Sie hinweg, und auf einmal war alles anders. Die Groschen
Blieben mir zwar, und ich konnte allmählich manches mir schaffen,
Was ich lange entbehrt, doch boten die Uhr und die Pfeife
Keinen Ersatz für das Lächeln der Mutter, womit sie mir's lohnte,
Wenn ich ihr gegen den Winter mit Bohnen und Erbsen die Truhe
Füllte, oder im Frühling zur Mastung ein Ferkelchen brachte.
Da begann ich zu rechnen, und leider mußt' ich's bejahen,
Wenn die Genossen mir sagten, mein Sparen bringe mich einzig
Um die Freuden der Jugend, und sichre mir doch nicht das Alter,
Höchstens könnt' ich den Doktor aus eigenem Säckel bezahlen,
Wenn ich einmal erkrankte, allein das danke mir keiner,
Den besolde die Stadt. So warf ich denn wirklich mein Flickzeug
Eines Sonntags beiseite, denn Sonntags flickte ich wieder,
Was ich zerriß in der Woche, und mischte mich unter die andern,
Um, wie diese es nannten, doch auch mal den Herrn zu probieren.
Wohl gekämmt und gebürstet, und blank in der Tasche den Taler,
Prunkt' ich daher, auch gefiel's mir, zuerst den Hafen zu sehen,
Wo die Masten so eng und so dicht zusammen sich drängen,
Wie die Spitzen des Schilfs bei uns in Gräben und Sümpfen,
Dann an dem Ufer der Elbe hinab zu spazieren nach Flottbeck1)

Und die Schiffe zu zählen, die eben kommen und gehen,
Oder die Gärten, die bunt sich am breiten Flusse dahinziehn.
Gern bezahlt' ich auch mittags mein Essen, obgleich ich's zu Hause
Besser und billiger hatte, ich ließ mir's sogar noch gefallen,
Daß wir auch Kaffee tranken, ich wollte den Mäkler nicht machen.
Aber, als sie nun riefen: jetzt müssen wir karten und kegeln
Und den guten Likör daneben versuchen, da sprach ich:
Weiter halt' ich nicht mit! und ging, wie sehr sie auch höhnten,
Denn oft sagte mein Vater, es würde keiner die erste
Schenke betreten, der ahnte, in welcher Gestalt er die letzte
Einst nach Jahren und Monden verlassen würde, auch schlüpfte
Selbst der Gesunkenste schwerlich des Morgens hinein, wenn er
wüßte,
Wie er sich abends entfernte, und dieses klang mir im Ohre.
Nicke mir nicht so freundlich, es wär' wohl noch anders
gekommen,
Denn der Grund, der mich trug, ich fühl' es noch heute mit
Schaudern,
Wankte mir unter den Füßen, und Taumelnde können auch fallen,
Doch, ich erblickte dich!--Und wurdest--versetzt sie--mein Retter,
Als ich mich vor dem Verfolger nicht länger zu schützen
vermochte.
Mich auch hatte der Spott, wie dich, vom Hause getrieben,
Denn ich fühlte mich glücklich, daheim zu sitzen, ich hatte
Angst vor der großen Stadt, und wünschte mich ebensowenig
In den Strudel der Menschen, wie in den Strudel der Elbe,
Wenn sie flutet, hinein. Da aber hieß es beständig:
Diese ist wohl in Sachsen vom Baum heruntergefallen,
Daß sie keiner besucht, es kommt nicht Bruder noch Schwester,
Oder Onkel und Tante, auch hat sie ja keinen Geburtstag,
Denn ihr wird nicht geschrieben! Da ging ich denn endlich, als wär'
es
Zu Verwandten und Freunden, allein ich kannte nicht einen
Von den Tausenden, welche hier wohnen, und all mein Vergnügen
War, die Stunden zu zählen, mein Kleid im Gedränge zu schützen
Und mir die Straßen zu merken, um abends den Rückweg zu
finden.
So gelangt' ich vors Tor. Da aber gesellte sich plötzlich
Ein Begleiter zu mir. Ich hatte ihn niemals gesehen,

Lang und schmal, wie er war, und prangend in Ketten und Ringen,
Aber er wollte mich kennen, und grüßte von Vater und Mutter.
Als ich ihm sagte, er irre, die lägen schon lange im Grabe,
Sprach er, er meine die seinen, und blieb mir ruhig zur Seite.
So gewiß ich auch wußte, daß keiner mich kannte, so wollt' ich
Dennoch ersticken vor Scham, als wenn es mir mitten im Dorfe
Unter den Meinen geschähe, und suchte ihm rasch zu entkommen.
Aber, wie ich auch lief, und wie ich mich drehte und wandte:
Nichts gewann ich ihm ab, und spöttisch rief er am Ende:
Dirne, ich bin ja der Wind, du willst doch dem Wind nicht
entlaufen?
Nun begann er sogar, von häßlichen Dingen zu reden,
Und je stiller es wurde, je mehr die Menschen verschwanden,
Um so kecker erging sich seine verworfene Zunge.
Rennen konnt' ich nicht mehr, und mag man die Augen
verschließen:
Offen bleiben die Ohren, und herzlich begann ich zu weinen.
Aber er hörte nicht auf, es wurde je länger, je ärger
Und zugleich auch die Gegend verlaßner und wilder und wilder.
Da vernahm ich von ferne ein Pfeifen, das fröhlich und mutig
Klang und mir Hilfe verhieß, ich schrie, so laut ich's vermochte,
Und es währte nicht lange, so wurdest du sichtbar, dich hatte
Nur ein Knick2) noch verborgen. Du eiltest herbei, doch der andre
Lief nicht davon, er besah dich mit seinem vergoldeten Glase,
Welches an schwarzem Bande ihm baumelte über der Weste,
Sprach, er sei kein Räuber, doch ich das albernste Gänschen,
Und erkundigte sich nach Bauers Garten.--Du aber,
Mit den Augen mich prüfend und über und über erglühend,
Tratest ihm ernst in den Weg und riefst mit donnernder Stimme:
Herr, das Kind hat geweint, und ich, ich bin aus dem Lande,
Wo man die zinnernen Krüge vor Zeiten, wie lederne Schläuche,
So mit den grimmigen Fäusten zusammendrückte und quetschte,
Daß das verschüchterte Bier die Decke bespritzte und Löcher
Machte, als käm's aus der Büchse! Er lachte höhnisch und sagte,
Leicht in die Tasche greifend und klingelnd mit Gold und mit Silber:
Hier ist ein Taler, mein Freund, nun führ' Er die Liebste zu Ahrens,
Dort wird abends getanzt! Doch du--Ich mag es nicht denken,
Aber der Jüngling erwidert, die hangenden Locken ihr scheitelnd:
Kind, ich hätte mich selbst des Zorns nicht fähig gehalten,

Der mich so plötzlich ergriff, und keiner meiner Genossen,
Denn ich galt für ein Lamm. Auch wär' ihm gewiß nichts
geschehen,
Hätt' er nur mich beschimpft, die seidenen Kleider allein schon
Hätten ihn sichergestellt, ich hätt' mich im stillen geärgert,
Auch vor dir mich geschämt, und doch wohl albern gelächelt,
Denn noch erblickt' ich den Herrn in jedem, welcher den feinern
Rock auf dem Leibe trug, und ließ mich drillen und hänseln.
Aber, wie ich dich sah und alles, was er geredet,
Von der brennenden Wange dir ablas, ward ich ein andrer,
Als ich mich je noch gefühlt im ganzen Leben, und eher
Hätt' ich dich selber verletzt, du wichst zwar bald auf die Seite,
Aber du faltetest doch die Hände und schienst mich zu bitten,
Ihn zu verschonen, als ihm die bündige Probe erlassen,
Daß die Fäuste noch immer in Wesselburen gedeihen3).
Nun, es sei ihm verziehn! Er wird es nicht wieder versuchen,
Und ich hab' es am Ende doch ihm allein zu verdanken,
Daß ich dich kennen gelernt, wie hätt' ich dich sonst wohl
getroffen?
Und du wärst auch vor mir vielleicht so ängstlich gelaufen,
Wie nur immer vor ihm, drum wünsch' ich ihm nicht einmal
Narben.
Aber, nun sprich, was es gibt! Mir dreht sich der Kopf noch im
Wirbel!
Muß ich gewiß nicht zu Schiff? Ich geh' ja nicht gerne, obgleich
ich
Hart am Meere erwuchs! Ich lieb' es den Wagen zu lenken,
Oder die Pferde zu tummeln, auch mag ich pflügen und dreschen,
Aber das Wasser war mir stets zuwider, und nie noch
Hab' ich den Fischer begleitet, so gern ich dem streifenden Jäger
Mich gesellte, wenn's ging! Wie ist nicht das eine schon gräßlich,
Daß man darin nicht bloß ertrinken, sondern darauf auch
Schmählich verdursten kann! Mir ward es hinter den Deichen
Immer schon eigen zu Mut, die gegen Stürme und Fluten
Uns das Ländchen beschirmen. Das Schrillen und Kreischen der
Vögel
Mit den langen Hälsen und oft noch längeren Schnäbeln,
Welche im warmen Sande die bunt gesprenkelten Eier
Hinterlassen, die Muscheln und selbst die fettigen Kräuter

31

Mit den wolligen Blumen erfüllten mich immer mit Grausen,
Und ich brauchte nicht erst auf Toten-Gebeine zu stoßen,
Wie sie aus Schiffer-Gräbern vergilbt und vermorscht wohl hervorschaun,
Um das Knabengelüst nach Bernstein niederzukämpfen
Und von dannen zu fliehn. Da magst du dir denken, wie leicht mir's
Ward, den Entschluß zu fassen, mich dennoch der See zu vertrauen!
Aber ich war es dir schuldig, und wär' es mir übel ergangen,
Und ich erwartete nicht, ich darf es dir jetzt ja bekennen,
Was der Schmied und der Tischler erwarten, so wäre ich drüben
Bis an mein Ende geblieben, und wär's auch als Sklave gewesen,
Um dein Glück nicht zu hindern und andern den Weg zu vertreten.
Du verfärbst dich? Was hast du? O, hätte ich Narr doch geschwiegen,
Diese erzählte mir Träume, und ich, ich nahm sie für Wahrheit!
Aber das Mädchen erwidert: Man schaudert wohl auch bei Gefahren,
Die man erst völlig erkennt, nachdem sie vorübergegangen!
Also hatt' ich doch recht, sogleich das Ärgste zu fürchten
Und mich nicht zu besinnen! Nun mache nur du es nicht schlimmer,
Frage nicht, eile hinauf, und wenn ich selbst nur nicht Nein sprach,
Weil es zu plötzlich kam und mich verwirrte, so zeige
Du dich dafür als Mann, und gib dein entschlossenes Jawort!
Haus und Hof sind unser, sobald wir es selber nur wünschen,
Und wir sollen dafür—— ich weiß nicht, ob ich's verstanden,
Aber dort kommt er selbst, er wird dir's deutlicher sagen!
Und dem Kaufherrn, welcher die Tür soeben geöffnet,
Tritt der Jüngling entgegen und spricht: Ich habe das Mädchen
Nie als töricht gekannt, und dennoch kann ich's nicht glauben,
Daß ich mir wirklich ihr Stottern und Stammeln richtig gedeutet.
Wenn es aber so wäre, wie sie verkündet, so könnt' ich
Nur das einzige sagen: ich kenn' und liebe die Wirtschaft,
Und der jüngre Verwalter hat das voraus vor dem ältern,
Daß er sich selbst nicht schont, und nicht mit der Zunge bloß ackert.
Wenn Sie mir also vertrauen, obgleich die Erfahrung mir mangelt,
Werden Sie, was ich verseh', an Knechten und Pferden ersparen.

Wahrlich, ich werd' es an Fleiß nicht fehlen lassen, ich stehe
Jetzt schon der erste auf und bin der letzte zu Bette,
Und was einer dem Boden nur abzwingt, sei's an Getreide,
Sei's an Obst und an Vieh, das werden auch wir schon gewinnen!
Aber der Kaufherr spricht: Ihr säet und erntet euch selber,
Ich bin höchstens noch da, wenn Überschwemmung und
Mißwachs,
Brand, Viehsterben und Krieg euch wider Verhoffen betreffen,
Um euch helfen zu können, im übrigen seid ihr die Eigner,
Und verpflichtet euch bloß, nicht wiederzukehren nach Hamburg,
Denn das Gut, das ich meine, liegt fern am Fuße des Brockens,
Und uns das Kind zu lassen, damit wir es christlich erziehen
Und es zum Träger des Namens, sowie zum Erben ernennen.
Christian, erst so erstaunt, als würd' er belehnt mit der Erde,
Denn er hatte nicht einmal an Pacht, geschweige an Herrschaft
Sich zu denken getraut bei ihren verworrenen Worten,
Fährt zusammen und schaut auf Magdalena, doch diese
Ruft: So ist's! Wir geloben's! und hängt mit ängstlichen Blicken
An dem Munde des Jünglings. Er schweigt noch lange, doch
endlich
Sagt er: Was du versprichst, das kann ich halten! und bietet
Nun dem Kaufherrn fest zum Pfand und zum Siegel die Rechte.

Fünfter Gesang.

O, wie schön ist die Zeit, wenn schalkhaft hinter dem Winter
Schon der Lenz sich versteckt, wenn früh am Morgen die Lerche
Wirbelt, als hätte sie längst das Veilchen gesehen, und dennoch
Abends gern mit dem Spatz sich unter dem Balken verkröche,
Wo er im Neste kauert, und wenn die erste der Primeln
Durch den nämlichen Tropfen, an dem sie sich mittags erquickte,
Während die Sonne so brannte, vor Nacht ihr Ende noch findet,
Weil er gefriert und sie knickt! Wie ist sie in Ahnung und Hoffnung
Jener spätern voraus, wo schleichend hinter dem Sommer
So der Herbst sich verbirgt! Die Schauer von Hitze und Kälte
Wechseln zwar ganz, wie jetzt, allein es ziehen die Schwalben
Und es kommen die Raben, die einen nicht länger gefesselt
Von der Wärme, die andern nicht länger geschreckt, auch erblickt
man
Schon die Erstlingsglieder der traurigen Kette von Blumen,
Welche, den Duft und die Farbe zugleich allmählich verlierend,
Schließt in der strohigten Aster, die selbst der Sturm nicht
entblättert,
Sondern der Schnee begräbt!--Die schöne Zeit ist gekommen,
Und ein glückliches Paar, vom kurzen Tage ermüdet,
Weil es die spärliche Frist, die zwischen den Nebeln der Frühe
Liegt· und den Nebeln des Abends, durch Fleiß zu verdoppeln
gewohnt ist,
Setzt sich beim Scheine der Lampe behaglich zur dampfenden
Suppe
Und verzehrt sie mit Lust, doch still und ohne zu reden,
Wie es der Landmann macht, um sich den Genuß nicht zu
schmälern.
Dann hebt Christian an: Ich habe die Äcker und Wiesen
Heute wieder gemustert und kann es noch immer nicht fassen,
Daß ich auf eigenem Boden mich müde gelaufen. Er ist zwar
Nicht so fett, wie bei uns, auch hat man in müßigen Stunden
Steine genug zu sammeln, und wird sie sobald nicht vertilgen,
Weil, wie die Bauern hier sagen, der Teufel sie immer von neuem
Fallen läßt, wenn er nachts mit vollen Säcken vom Blocksberg
Abfährt, um sich dafür in Holstein Seelen zu kaufen,

Aber, wie dehnt sich das aus! Sogar das Eckchen am Berge
Ist noch unser, ich fragte! Und Magdalena erwidert,
Während sie einige Äpfel als unerwarteten Nachtisch
Bringt und lächelnd verteilt: Ich habe dagegen den Garten
Näher besehen und kann dir von jeglichem Baume vermelden,
Welche Früchte er trägt, wieviele, und wann er gesetzt ist.
Spare die Frage, du Schalk, ich hab's den Rinden der Stämme
Nicht entnommen, mir hat's der alte Pfarrer verkündet,
Welcher vorüber kam. Er kann sich der Zeit noch erinnern,
Wo das Haus nicht stand, und hat den hintersten Birnbaum,
Den uns der Mond jetzt zeigt, am Tage, wo man's gerichtet,
Eigenhändig gepflanzt. Den wollte er eben besuchen,
Weil er ihn liebt, und ich denke, wir schicken ihm jährlich ein Körbchen,
Ganz bis oben gefüllt mit allen Sorten zur Labung,
Wie es die andern getan, obgleich er uns schwerlich die Rede
Halten wird, wenn wir sterben! Du glaubst nicht, die edelsten Arten,
Wie sie der Gärtner nur hat, dabei dem Wind, wie entzogen,
Weil die Hügel uns decken, die lang geschweift sich dahinziehn,
Und gesucht auf dem Markt, wie keine! Es wäre Verschwendung,
Selbst davon zu kosten, als Weihnachts-Abend. Was horchst du?
Christian tritt zum Fenster und spricht, indem er es öffnet:
Regte die Kuh sich nicht? Ich lege mich heute nicht nieder,
Denn ich traue nicht recht. Es ist zwar nach dem Kalender
Auf der Türe am Stall noch eine Woche, doch weiß ich,
Daß sich die Knechte verrechnen, indem sie der Striche zu viele
Oder zu wenige machen, und habe ich, ohne zu murren,
Oder auch nur aufs Geheiß zu warten und Kaffee zu fordern,
Fremdes Vieh bewacht, wie sollt' ich das eigne vergessen!
Lachst du nicht mit? Das eigne! Ich glaube noch immer zu träumen.
Magdalena versetzte: Ich höre nicht auf, mich zu wundern,
Wenn ich so alles bedenke, am meisten aber erstaun' ich
Über die Trauung selbst. In stattlicher Kutsche zu fahren,
Während Vater und Mutter zu Fuße gingen und triefend
Vor dem Pastor erschienen, die angesehene Herrschaft
Und den Doktor als Zeugen zu haben, während die Eltern
Hirt und Wächter dienten und mürrisch das Wetter verfluchten,

Und am Abend der Schmaus: es war, um den Kopf zu verlieren!
Wäre dir nicht der Hut heruntergefallen, indem du
Gar zu eilig den Wagen besteigen wolltest, und hätte
Ich nicht die Locken zerdrückt und Kranz und Bänder verschoben,
Als ich zur Seite rückte: es wäre zu prächtig gegangen,
Und man hätt' uns zu stark beneidet, vielleicht gar beredet;
Aber nun gab's für die andern in Hülle und Fülle zu lachen,
Und wir beide kamen nicht eher aus dem Erröten
Wieder heraus, als im Dom, wo neue Sorgen begannen,
Oder erging es dir besser? Ich zitterte kindisch, zu zeitig
Oder zu spät mit dem Ja zu kommen, obgleich ich als Kind schon,
Hinter den Stühlen der Kirche mich mit den Gespielen versteckend,
Um vom brummenden Küster nicht fortgetrieben zu werden,
Manche Trauung gesehn und alles gehörig beachtet,
Was den Bräuten geziemt! Da ist es mir anders gegangen!--
Sagte Christian jetzt--Sobald ich die Orgel vernehme
Und den gekreuzigten Heiland mit seinen Wunden erblicke,
Hab' ich die Welt im Rücken und könnte Königen selber
Fest in die Augen schaun! So recht, noch einige Klötze
In den Ofen geschoben, damit ich nicht friere. Wie emsig
Bist du aber gewesen! Wie blinken Tiegel und Pfannen,
Nun sie die Flamme beleuchtet! So ist der Kessel von Kupfer,
Statt von Messing? Wie glänzt er! Den Spiegel wirst du nicht brauchen,
Jedes Geschirr ersetzt ihn, wir könnten ihn wieder verkaufen,
Wenn mein Bart nicht wäre, und diesen lasse ich wachsen,
Wie sie's hier alle tun, die Hirten sogar und die Fischer.
Was wir aber behalten, das sind die heiligen Bilder
Von dem verlorenen Sohn. Mit diesem hab' ich als Knabe
Oft zu Mittag gegessen. Mein Vater pflegte zu sagen,
Wenn es an allem gebracht, sogar an Salz und Kartoffeln,
Wie sich's im Winter zuweilen begab, wenn Fasnacht vorbei war:
Heute sind wir bei dem zu Gast gebeten! und zeigte
Auf die lustige Tafel, sie hing vergilbt und verräuchert
Über dem Ofen und hatte gewiß schon den zehnten Besitzer,
War auch nicht zu verkaufen und galt nicht einmal als Pfandstück,
Wo der Wüstling schwelgt und wo ihn die Dirnen bestehlen.
Trunken hebt er das Glas, den Wein verschüttend, zu Füßen
Liegt ihm ein leckeres Brot, vom Arm heruntergestoßen,

Welches ein Hund beschnüffelt, indes er, wenn er sich wendet
In dem geschaukelten Stuhl, es augenblicklich zertreten
Oder beschmutzen muß, und dies muß einig geschehen,
Wenn er nicht stürzen will. Der Tisch ist reichlich beladen
Mit den erlesensten Speisen und ausgewählten Getränken,
Aber ich wünschte mir nichts vom ganzen glänzenden Gastmahl
Für den brennenden Hunger, als dieses Brot, und ich hab' es
Tausendmal in Gedanken verzehrt und werde auf Erden
Niemand wieder beneiden, wie diesen Hund, der so satt ist,
Daß er es kaum beriecht. Nun geh mir aber zu Bette!
Wenn sich der Wind noch mehr erhebt, so will ich mich freuen,
Daß ich mein Feuer schüre und nicht mit dem Schmied und dem Tischler
Auf dem Ozean schiffe, du aber träume geschickter
Wie in der letzten Nacht, von Wilhelm und Anne, sie haben's
Jetzt so gut, wie die meisten, der Weihnacht hat sie gekräftigt!--

So verstreichen dem Paar die Stunden, die Tage und Wochen,
Eine der anderen gleich und keine besser und schlechter,
Wie im himmlischen Reich; sie sprechen zu keiner: verweise!
Oder: entferne dich rascher! Denn alle bringen dasselbe.
Nur die Arbeit wechselt. Der Pflug geht heute zu Felde,
Morgen wackelt die Egge ihm nach und ebnet die Furchen,
Welche er zog in der Erde, und wenn die beiden im Schuppen
Wieder ruhen, versucht sich die längst gedengelte Sense
Schon am ersten Grase. Indessen folgte der Primel
Mit dem fröhlichen Spatz, der selbst im Winter noch Trotz beut,
Still das liebliche Veilchen, von Fink und Lerche begleitet,
Und der heiße Hollunder, dem Maienglöckchen verschwistert,
Welcher die Nachtigall durch seine betäubenden Düfte
Aus dem Schlummer erweckt. Wer schwitzt, der sieht in der Sonne
Nur noch die Uhr, nicht den Stern, und alle Blumen und Vögel
Sind für den Ackrer nicht da. Doch Samstags bückt er sich gerne,
Wenn er am Abend die Ochsen zu Hause treibt, um ein Sträußchen
Mitzubringen, so gut er's eben findet, das Sonntags,
Vor den Busen gesteckt, die Liebste ziere zum Kirchgang.
Dies tat Christian auch, und Magdalena bedankte
Sich am folgenden Tag durch irgendein neues Gemüse,
Welches der Garten gebracht, sei's nun das zarte Radieschen

Oder der frische Spinat, und was die gütige Erde
Weiter bietet. So sind die fröhlichen Pfingsten gekommen,
Und mit dunkelnder Nacht, es war noch so vieles zu ordnen,
Um die festliche Rast mit Ruhe genießen zu können,
Tritt er singend ins Haus und bringt ihr den ersten Hollunder.
Stumm am Herde beschäftigt und gegen die Türe den Rücken
Kehrend, scheint sie ihn nicht zu hören, da tickt er ihr leise
Mit den tauigen Blumen auf ihren glühenden Nacken,
Dessen Tuch sich verschob. Sie fährt ein wenig zusammen
Vor der plötzlichen Kälte, wie wird ihm aber zumute,
Als sie, statt sich zu freuen und ihm nach ihrer Gewohnheit
Aus der dampfenden Pfanne den ersten Bissen zu reichen,
Daß er koste und lobe, den Strauß in wilder Bewegung
Aus den Händen ihm reißt und in die Flammen ihn schleudert.
Ängstlich sieht er sie an, doch eh' er die Lippen noch öffnet,
Stürzt sie ihm an die Brust und weint, als hätte sie eben
Himmel und Erde gekränkt und könne sich nimmer verzeihen.
Sie zu beschwichtigen, will ihm lange durchaus nicht gelingen,
Denn sie bebt vor sich selbst, und er fragt umsonst nach dem
Grunde
Dieser heftigen Wallung. Sie hatte ihn freilich ein Stündchen
Früher erwartet zum Essen, und alles war ihr verbraten,
Doch erklärte das nichts. Da tritt, um Feuer zu zünden,
Eine Alte herein, die sie verwundert betrachtet,
Als sie die Tränen erblickt, die immer noch rollen, und der sie
Hastig erzählt, was geschehn, damit sie zu Christians Nachteil
Nicht das Verkehrte glaube. Die führt sie schmunzelnd beiseite,
Fragt sie manches und lacht. Dann spricht sie, indem sie sich
wendet:
Ruft mich herüber, sobald sich die ersten Halme vergolden,
Länger wir's wohl nicht währen, und sorgt indes für die Hemden.
Was den Sünder betrifft, wo muß er geduldig sich fassen,
Wenn's auch noch ärger kommt, und denken, es zanke sein
Kindlein,
Du gebrauche dein Recht, du darfst jetzt kratzen und beißen.
Als sie sich humpelnd entfernt, will Christian tanzen und jubeln,
Magdalena jedoch bedeckt ihr Gesicht mit den Händen,
Wie am Hochzeitsabend, als alle neckend den Erstling
Leben ließen, und nicht aus Scham allein und Verwirrung.

Da besinnt er sich schnell und sagt, um ihre Gedanken
Abzuleiten: Mich hungert! und als sie essen und trinken,
Fügt er hinzu: Nun mußt du mir morgen gewiß auf den Brocken,
Wie du mir's Ostern versprochen, denn wenn wir's wieder
verpassen,
Wird dir das Steigen zu schwer, und immer wär' es doch schade,
Wenn der Sommer verginge, bevor wir mit eigenen Augen
Urians Sitz uns besehn, um nicht zu sehr zu erschrecken,
Wenn es im kommenden Herbst rumort zu unseren Häupten!
So beschwichtigt er sie und heiter verstreichen die Pfingsten,
Denn, vom herrlichsten Wetter begünstigt, erklimmen sie wirklich
Den verrufenen Berg, vor dem sie als Kinder schon bebten,
Wenn die Mutter, im Winter, beim Schein der erlöschenden Lampe
Sie entkleidend, die Taten des Besenstieles erzählte,
Und der Vater zum Schluß des feurigen Drachen noch dachte,
Während sie, schaudernd vor Angst, wie vor Frost, in die Kissen
sich wühlten.
Seltsam starrt er sie an mit seinen Stollen und Schachten,
Die zur Hölle hinunterzuführen scheinen, und hätten
Sie's auch nie gehört, daß alle Dämonen hier hausen,
Würden sie dennoch zittern, dem Teufel hier zu begegnen,
Wenn die dunkelnde Nacht sie unter den Fratzengestalten
All der Felsen beschliche, die ringsum drohen und äffen
Und vielleicht um die Stunde der Geister zum Leben erwachen,
Um durch die Lüfte als Jäger auf glühenden Rossen zu stürmen,
Oder als Gnome zu spuken und waschende Mägde zu plagen.
Drum beeilen sie sich, zurück in die Täler zu kommen,
Die er nur dann betritt, wenn ein entsetzlicher Frevel
Ihm den heiligen Kreis der schirmenden Engel geöffnet,
Und beim Sinken der Sonne ihr Dörfchen wieder erreichend,
Wo das Geläut gerade verhallt, geloben sich beide,
Halb den Schwindel vor Augen und halb die empfundenen Schauer,
Auch in den Gliedern gelähmt, wie nie, und verlacht von den
Nachbarn,
Keinen Festtag wieder auf diese Weise zu feiern.
Ihr verbietet sich's auch von selbst, denn ganz, wie's die Alte
Prophezeite, geschieht's. So wie die Rosen erglühen,
Werden die Wangen ihr bleich, und als die Levkojen sich füllen,
Kann sie sich kaum noch bücken, sie abzupflücken. Nur eines

Trifft nicht zu, sie wird nicht launisch, wie andre, die erste
Heftige Wallung ist zugleich auf die letzte gewesen,
Aber unendliche Trauer bemächtigt sich ihrer und stündlich
Gehen die Augen ihr über. Er sucht umsonst zu erfahren,
Was sie drückt, doch er kann sich genau des Tags noch erinnern,
Ja, der Stunde sogar, wo ihr in plötzlicher Zuckung
So die ersten Tränen entschossen. Sie hatte soeben
Leise gebetet, wie's schien, und hielt die flehenden Hände
Noch gefaltet, wie er, durchs Fenster lauschend, bemerkte,
Denn er kam zum Essen. Da fuhr sie auf einmal zusammen
Und begrub ihr Gesicht im Schoß. Er nahte sich hastig,
Weil er dachte, sie sei vielleicht von Schmerzen befallen,
Doch sie erhob das Haupt und suchte zu lächeln. Verwundert
Sah er sie an. Da begann sie zu schluchzen und ging in die Küche,
Um sich auszuweinen. Er folgte ihr, aber vergebens
Fragte er, was ihr sei. Indessen verdrängte den Sommer
Schon der ergiebige Herbst, und selten noch strotzte sein Füllhorn
So von allem zugleich, was für den traurigen Winter
Keller und Böden uns füllt. Denn meistens bringt er das eine
Reichlich, um mit dem andern zu kargen, da Hitze und Kälte,
Nasses und trockenes Wetter fast nie so günstig gemischt sind,
Daß auf jegliche Frucht nach Art und Maß und Bedürfnis
Immer das Rechte käme, und keine im Wechsel erfröre
Oder erstickte. Die Bäume im Garten drohen zu brechen,
Denn die nächtlichen Fröste des Mais vertilgten die Raupen
So erbarmungslos, daß neben Hummeln und Bienen
Fast der lustigste Schwärmer, der farbige Schmetterling, fehlte,
Als sie den Raubzug hielten im Reiche der Blumen und Blüten,
Und die Ähren sind schwer, als trügen sie goldene Körner
Und zerknicken die Halme, bevor noch die Sichel gewetzt ist.
Nun gibt's drinnen und draußen zu tun. Das Obst zu besorgen,
Fühlt sie sich noch imstand, wenn er's des Abends nur schüttelt,
Was sie selbst nicht vermag. Sie schlichtet am Tage die Haufen,
Nimmt das Erquetschte für sich, wie früher das Würmergestochne,
Schickt das wenig Verletzte, das Übermürbe und Weiche
Auf den Markt zum Verkauf und legt das Beste beiseite,
Um es, wenn Mangel entsteht, zu höherem Preis zu versilbern.
Er dagegen ist fleißig im Felde und macht die Erfahrung,
Daß der Tätigste selbst für sich die Kräfte noch immer

Anders braucht, als für Fremde, denn hat er früher für zwei
Schaffen können, so kann er's jetzt für dreie und fühlt sich
Doch zur Nacht nicht zu müde, um mit im Hause zu helfen.
Schon sind Roggen und Weizen in sicherer Scheuer geborgen,
Und so hat denn der Mensch sein Teil, nicht minder die Gerste,
Welche dem Mastvieh Mark und Fett und schweres Gewicht gibt,
Und es spritzte von oben nicht eine Wolke! Es fehlt jetzt
Nur noch der Hafer des Pferdes, so ist bis auf die Kartoffel,
Die dem Tier mit dem Menschen gemein ist, die Ernte vollendet.
Heut soll dieser daran, indes im Garten die Quitten,
Welche allein noch hängen, den luftigen Platz auf den Zweigen
Mit der dumpferen Kammer, wo auf der reinlichen Schütte
Schwestern und Brüder schon lagern, vertauschen müssen: die Garben
Fliegen lustig hinauf zum Wagen, da sieht man den Nachbar
Hastig nahen und winken mit ausgezogener Weste,
Weil's ihm am Tuch gebricht. Mit halb beladener Fuhre
Jagt ihm Christian gleich entgegen. Was trifft er zu Hause?
Eine glückliche Mutter, die unter Lachen und Weinen,
Rot und weiß zugleich, wie Apfelblüte, ein Knäblein
Trinken läßt. Sie ist nur kaum ins Bette getragen,
Denn sie hat es im Grünen geboren, als sie sich bückte,
Eine vergessene Birne emporzuheben, die gelblich
Blinkte unter dem Grase. Er küßt sie leise und flüstert:
Siehst du, daß man nicht stirbt? Nun trockne denn eilig die Tränen,
Sie mich so lange geängstigt. Sie aber erwidert mit Seufzen:
Ach, das habe ich nie gefürchtet! Ich hatte gebetet,
Daß es nicht kommen möchte, doch eh' ich das Amen gesprochen,
Hüpfte es mir zur Strafe im eigenen Schoße entgegen!

Sechster Gesang.

Unterdessen erwartet der Kaufherr, welcher die Gattin
Nach Italien führte, in Rom das stille Ereignis,
Denn es sollte so sein, als hätte sie selber geboren.
Endlich erhält er den Brief, von außen schon leicht zu erkennen

An den eisernen Zügen der dennoch zittrigen Handschrift,
Welcher die Meldung bringt. Er trägt ihn, ohne zu öffnen,
Gleich hinüber zu ihr und spricht: Es hat sich entschieden,
Aber nun frage dich eins, bevor das Siegel gelöst wird:
Ist dir jegliches Kind willkommen? Die wirkliche Mutter
Unterscheidet nicht zwischen dem einen und zwischen dem andern,
Ja, es ist so bestimmt durch Gottes ewige Fügung,
Und den Zug der Natur, daß ihr das gebrechliche Wesen
Über das kräftige geht, das kränkliche übers gesunde,
Aber die Fremde erschrickt vor einem verwachsnen Gebilde,
Und sie findet das Weinen und Schreien des Buckels abscheulich,
Was sie dem Engelsköpfchen verzeiht und gelassen erduldet.
Sie erwidert: Das habe ich alles bedacht und erwogen
Und bin meiner gewiß. Was Gott uns sendet, das werde
Ich mit Liebe begrüßen. Und wäre das Schicksal der Sarah
Mir noch am Ende bestimmt, ich machte sie nimmer zur Hagar,
Nein, ich fühlte mich doppelt beglückt und doppelt gesegnet,
Und man sollte nicht ahnen, daß ich nur eines von beiden
Unter dem Herzen getragen, so redlich würde ich teilen,
Was im Busen mir wohnt, das kann ich dir heilig beteuern.
Aber erbrich nur den Brief, damit ich vor allem erfahre,
Wie es ihr selber ergangen, ich habe schon lange gezittert.
Rasch durchfliegt er den Brief und spricht mit Lächeln: wie Eva!
Und das Kind ist gesund und wohl gebildet. Da treten
Ihr die Tränen ins Auge, und erst zum Himmel die Hände
Hebend, dann den Gemahl umarmend, vergeht sie in Rührung.
Aber er selber sagt: Ich darf den nackenden Knaben
Ruhig zum Erben ernennen, mir lebt kein einz'ger Verwandter,
Welcher mir näher stünde, und heut noch schreib' ich nach
Hamburg
Und bestelle die Taufe zum Mai. Ich werd' ihn erziehen,
Daß er in jeglichem Armen den Bruder sieht und ihn tröstet,
Und so sorg' ich durch ihn, den Sohn des Volkes, noch immer
Über das Grab hinaus fürs Volk und gebe ein Beispiel,
Wie man Gespenster beschwört und doch nicht die Kugeln
verteuert.
Denn dies liegt mir am Herzen. Es wanken im innersten Grunde
Alle Staaten der Erde, und wenig wird nur gebessert,
Ob die Rotten des Pöbels den Diener des Fürsten erschlagen

Und die blutige Tat auch blutig büßen und sühnen,
Oder noch schlechtere Junker den Mann des Gesetzes erschießen
Und, dem Richter entzogen, der Ächtung des Dichters verfallen.
Alles lebt nur von heute auf morgen, besonders Parteien,
Und so gewaltig die Kämpfe auch sind, so schrecklich die Siege,
Die sie im wechselnden Spiel des Kriegs einander entreißen:
Immer muß ich der Knaben am Flusse gedenken, die schaudern,
Wenn er, von allen Gewässern der ragenden Berge geschwollen,
Rauscht und sich schäumend ergießt, und jubeln, wenn sie ihn endlich
Wieder gefrieren sehn. Wer wird sich des Kahns noch erinnern,
Wenn er den Schlittschuh braucht, und wer des rostigen Schlittschuhs,
Wenn er im Kahne fährt? Warum den einen verzimmern
Oder den anderen putzen? Jetzt dauert's ja immer und ewig!
Geht es fort wie bisher, so werden Stände die Stände,
Völker die Völker vertilgen, und in die schweigende Öde
Kehren die Tiere zurück, die einst dem Menschen gewichen.
Aber du weißt, wie ich denke, nun eil' ich und schreibe dem Doktor!--
Also geschah's. Doch nie erschien ein Winter ihr länger,
Als der jetzige, welchen sie unter den Myrten verlebte,
Denn das muntre Gewimmel der bunten römischen Feste
Oder der heitere Chor der ewig lächelnden Musen,
Welche den zweiten Olymp hier fanden, vom ersten vertrieben,
War für sie nicht vorhanden, und wenn sie die Rosen erblickte,
Die, vom gemilderten Hauch der afrikanischen Wüste
Angeblasen, noch immer die frischen Gärten verzierten,
Konnte sie's kaum begreifen, daß ihre Schwestern in Deutschland
Nur in Kübeln und Töpfen die eingeschlafene Triebkraft
Fristen sollten, indes des Nordpols wütendste Stürme
Eisig sausten, und Schnee und Regen sich grimmig bekämpften.
Endlich wird es in Rom so heiß, daß jeder des Landes
Hinter den Alpen mit Sehnen gedenkt, denn plötzlich erscheint hier
Immer der Sommer, der wird nicht sanft vom lieblichen Frühling
Eingeführt, er ist da, und gleich verschrumpfen die Wiesen,
Deren erquickliches Grün im Norden sich ewig erneuert.
Aber der Kaufherr spricht: Jetzt hängt man die Pelze in Hamburg
An den Nagel und sucht in Harvstehude1) sich Primeln,

Darum mein' ich, wir lassen den Knaben allmählich entwöhnen
Und begeben uns dann, dem Veilchen folgend, verweilend,
Wo es eben erblüht, und scheidend, wo es vertrocknet,
Auf den Weg nach Hause. Und also ward es geordnet.
Aber das junge Paar im Harz verbrachte den Winter
Froh, wie keinen vorher. Wer zählt die Freuden der Eltern
An der Wiege des Kindes, und wer die Wonnen der Mutter,
Wenn sie noch alles in allem ihm sein darf, während der Vater
Ihm noch ferne steht, wie Himmel und Erde, und einzig
Durch die Sorge für sie, die beide vertritt, wie ihn selber,
Seine Liebe zu ihm betätigt! Wer nennt uns die Sprossen
Dieser goldenen Leiter der reinsten Gefühle, auf welcher
Sich der Mensch und der Engel begegnen und tauschen, und welche
Alle Sphären verbindet und alle Wesen vereinigt!
Welches irdische Glück ist diesem höchsten vergleichbar,
Das uns über uns selbst erhebt, indem wir's genießen,
Und wem wird es versagt, wem wird es gekränkt und geschmälert?
Wie der Kelch der Gemeinde auf gleiche Weise an alle
Kommt und alle erquickt, so kommt auch dieses an alle:
Fürsten empfinden's nicht tiefer, und Bettler empfinden's nicht schwächer,
Weil die einen den Säugling in Purpur wickeln, die andern
In die Krippe ihn legen, das gibt kein Mehr und kein Minder,
Und so ist die Natur gerecht im ganzen und großen
Und verteilt nur den Tand, die Flitter, nach Lust und nach Laune!--

Habt ihr euch je ein Nest mit Kinder-Augen betrachtet?
So vergrößert es euch und setzt zwei glückliche Menschen
Statt der Vögel hinein und einen lieblichen Knaben
Statt des piepsenden Jungen, das Atzen und Glustern und Blustern
Bleibt dasselbe. Wie wird zuerst darüber gestritten,
Wem er gleicht! Ein jeder entdeckt die Züge des andern,
Weil er sie lieber sieht, als seine eignen, doch täglich
Ist das kleine Gesicht verändert und völlig unmöglich
Scheint es, Frieden zu schließen. Es sind am Ende die Eltern,
Seine, oder die ihren, die auferstehen im Enkel,
Weil sie, Christian sagt's, vergaßen, sich malen zu lassen.
Welch ein Ereignis ist das erste wirkliche Lächeln,

Das die Mutter auf sich bezieht und jubelnd berichtet,
Daß er sie nun schon kenne, und, wenn sie gehe, vermisse!
Dann die zappelnden Arme, die ihren Nacken umklammern,
Wenn sie sich niederbückt, so wie die beseelteren Blicke
Und der erwiderte Kuß! Zuletzt die stampfenden Beine,
Welche die Erde suchen und dennoch scheuen, das Lallen
Mit gebundener Zunge und ungeduldigen Lippen,
Und der vernehmliche Laut! Wie oft muß Christian kommen,
Um ihn schlummern zu sehn! Wie gern verläßt er die Tenne,
Wo er drischt, und verdoppelt nachher die gewichtigen Schläge
Des geschwungenen Flegels, um das Versäumte bis Abend
Wieder einzubringen! Und ist nicht der Knabe in Wahrheit
Größer und klüger, als andre? Das Tannenbäumchen, zu Weihnacht
Angezündet, ist zwar noch überflüssig gewesen,
Aber erfreut er sich nicht des lustigen Hahnes zu Lichtmeß,
Welcher zuweilen die Stube besucht, des geschüttelten Kammes
Und des plötzlichen Krähens? Der Hahn macht eben Visite,
Und das Knäblein kreischt und klatscht vergnügt in die Hände,
Als der römische Brief, der seine Entwöhnung gebietet,
Eintrifft. Christian liest und spricht: Jetzt gibt ihm zu trinken,
Daß er ruhe und schlafe, wir haben zusammen zu sprechen.
Doch sie erbleicht und ruft: Die Ostern sind vor der Türe,
Und ich weiß, was es ist! Es fährt mir nur so in die Glieder,
Daß ich ihm nicht die Brust zu reichen wagte, und wenn er
Hungriger wäre, wie je. Er muß sich heute behelfen!
Christian aber versetzt: So seid ihr auf immer geschieden,
Denn die Stunde ist da. Zu morgen bring' ich dir Wermut,
Daß er von selbst verzichtet, er geht ja bald auf die Reise,
Und da muß er die Kuh vorher als Amme gewohnt sein.
Magdalena schweigt, doch wohl bemerkt es der Gatte,
Daß sie weint in der Nacht und auf die leiseste Regung
In der Frühe das Kind noch einmal stillt. Es erbarmt ihn,
Daß sie es heimlich tut, als wäre es schon ein Verbrechen,
Und ihn selber mit Angst betrachtet, ob er auch schlafe,
Und er hütet sich wohl, durch irgend eine Bewegung
Sie zu stören, er läßt sogar von ihr sich erwecken,
Um die letzte Besorgnis in ihr zu ersticken, obgleich er
Zittert, wenn er sich fragt: wie wird's nur weiter ergehen?
Aber es scheint, als hätte sie ihre Muttergefühle

Jetzt für immer bezwungen, denn leichter, als er sich's dachte,
Reicht sie am folgenden Tage dem sträubenden Knaben die fremde
Nahrung, die er nur selbst beharrlich sich weigert zu nehmen,
Und ist, wenn auch nicht froh, doch still und in sich beruhigt.
So verstreicht die Woche, er will sich durchaus nicht gewöhnen,
Doch er fällt nicht vom Fleisch, zu Christians höchster
Verwundrung,
Der ihn nicht essen sieht und dennoch gedeihen und wachsen,
Und sie selber enthält sich edel jeglicher Klage.
Sonntags morgens läßt die Mutter ihn tanzen und springen,
Während der Vater pfeift, da löst sich zu beider Entzücken
Hell das erste Mama von seinen stammelnden Lippen.
Christian will ihn küssen, doch eh' er sich seiner bemächtigt,
Reißt sie selbst ihn empor und preßt ihn gegen den Busen,
Daß er erschrickt und weint, und ruft: Ich lasse dich nimmer!
Weg mit Äckern und Wiesen! Wir haben Arme und Beine,
Und wir sind dir nicht Güter, wir sind nur Liebe dir schuldig!
Daß du es weißt, mein Freund! Er hat noch immer getrunken,
Und es wird ihm kein Tag an seinem Jahre entzogen,
Hierin bin ich dir fest, in allem andern gefügig!
Hungern will ich und dursten, wie Vater und Mutter es taten,
Frieren und nackend gehn und ganze Nächte nicht schlafen,
Doch ich gebe ihn nicht und müßt' ich mich selber verkaufen!
Christian aber erwidert: Du weißt doch, daß wir gelobten,
Weißt doch, daß ich dir nicht geraten, noch dich getrieben,
Weißt doch, daß ich nur zögernd und nicht im Galopp dir gefolgt
bin!
Nun, so wisse noch eins: ich haben, so lange ich lebe,
Nie mein Wort noch gebrochen und werde auch dieses nicht
brechen,
Drum entwöhne ihn morgen, ich bring' dir den Wermut noch
einmal.
Sie verstummt, denn sie hat noch nie so ernst ihn gesehen,
Und er schreitet hinaus, er sagt, die Kräuter zu pflücken,
Aber er tut es nur, um ihr den Kampf zu verhehlen,
Welchen er selber kämpft, und welcher die Seele ihm spaltet.
Sie hingegen umarmt und küßt den Knaben aufs neue,
Daß sie ihn fast erstickt und ruft, als ob er's verstände:
Nein, ich lasse dich nicht, es möge kommen, was wolle!

Und bevor noch der Abend herab auf die Erde sich senkte,
Ist ihr Entschluß gefaßt: sie will ihn stehlen und fliehen.
Still bereitet sie nun das kleine bescheidene Bündel,
Das ihr selber gehört, und wenn ihr die Tränen auch reichlich
Strömen bei dem Gedanken an die so bittere Trennung
Von dem Herzlich-Geliebten, so fühlt sie dennoch im Innern
Durch dies schmerzliche Opfer zugleich sich gestärkt und gehoben,
Und so wie das Vertrauen auf Gottes Erbarmen und Hilfe
Wächst durch dieses Gefühl, so steigt auch die lächelnde Hoffnung
Leise wieder empor vor ihren verdüsterten Blicken,
Und so sieht sie am Ende der langen Reihe von grauen
Monden und Jahren ein goldnes und sternengekröntes sich winken.
Morgen muß es geschehn, denn morgen soll sich die Quelle,
Welche ihr selber entspringt, verstopfen: wie will sie ihn tränken,
Wenn sie versiegte? Ein Dach ist leichter zu finden, es wohnen
Menschen in jeglicher Hütte, und Engel bereiten die Stätte,
Wenn sich die Unschuld naht, von Reue und Buße geleitet.
Schüchtern erkundet sie nun die nächsten Wege und Stege,
Denn, vom Lokomotiv entführt in brausender Eile,
Kennt sie die Straße nicht, auf der sie gekommen, und die sei
Jetzt mit Tritten des Huhns zurückzumessen beschlossen,
Weil ihr Wilhelm und Anna vor Augen stehen, wie Sterne.
Als der Tag nun erscheint, da kocht sie dem Gatten zum Abschied
Noch sein liebstes Gericht, doch kann sie selber nicht essen,
Denn ihr fiebert der Kopf, sie hat die Nacht nicht geschlafen,
Und ihr hüpfen die Pulse, als wollten die Adern zerspringen.
Christian merkt es wohl, ihm sind die heimlichen Tränen
Auch nicht entgangen, doch denkt er: sie will sich endlich
bezwingen,
Und es kostet sie viel! Da klopft er ihr bloß auf die Wange,
Als er sich wieder erhebt und spricht: wir machen ihn glücklich!
Um die Dämmerungszeit begibt er sich dann in die Schmiede,
Wo man die Eisen des Pfluges ihm schärft, nun richtet sie alles
Für den Abend und schleicht sich fort, in doppelte Tücher
Ihren Knaben gehüllt und unter dem Arme das Bündel.
Ängstlich späht sie umher und duckt sich hinter die Büsche,
Wenn sie Kommende hört, sie stehn war noch nicht im Laube,
Aber sie decken sie schon, wenn nur der Knabe durch Schreien
Das Versteck nicht verrät. Doch geht auch mancher vorüber,

Der mit flüchtigem Auge das Reisig streift und sich wundert:
Keiner der Wenigen ist darunter, welche sie kennen,
Still auch verhält sich das Kind, durch leises Schaukeln
beschwichtigt,
Und es senken die Schatten des Abends sich bald so gewaltig,
Daß sie sich eilen muß, um nur die verlassene Hütte
Zu erreichen, in der sie die Nacht zu verbringen beschlossen.
Einem Jäger gehört sie und liegt im Walde. Sie kennt sie,
Weil sie mit Christian einst, den fernsten Acker besuchend,
Sich vor Regen und Schlossen in ihr geborgen. Ein Lager,
Das sie im Innern trifft, aus dürren Blättern bereitet,
Kommt ihr freilich zustatten, doch möchte sie's lieber entbehren,
Denn sie fürchtet, es könnten auch andere Gäste erscheinen.
Doch sie setzt sich und reicht dem Knaben die Brust, die er lange
Tastend und greifend gefordert, und zieht zur eignen Erquickung
Einen der Äpfel hervor, womit sie die Tasche gefüllt hat.
Schmecken will er ihr nicht, sie legt ihn wieder beiseite,
Als sie eben gekostet, indes der Knabe behaglich
Trinkt, als wär' er daheim, und in den Pausen des Atmens
Kichert und endlich versinkt in seinen gewöhnlichen Schlummer.
Brausend erhebt sich der Wind und wirft die trockenen Zweige
Auf das bretterne Dach und bläst, als wollt' er's entführen,
Aber sie heißt ihn willkommen, obgleich sie bei heftigen Stößen
Immer zusammenfährt, er scheint ihr die Ruhe zu sichern,
Und mit den Kleidern des Bündels den Knaben noch sorglich
bedeckend,
Wühlt sie sich ein in die Streu und fällt, erschöpft von den Qualen
Dieser Tage, in Schlaf, wie ein Tier, noch eh' sie gebetet.
Christian kommt indes mit seinem Eisen zu Hause
Und verwundert sich sehr, kein Licht zu sehen, er hat sich
Länger, wie sonst, verweilt, um aus dem Munde des Schmiedes
Manchen Rat zu vernehmen, denn dieser ist alt und erfahren,
Aber nicht immer freundlich, und noch viel seltner gesprächig.
Dennoch verschließt er gelassen den Stall, vergattert den Garten,
Trägt die Eisen zu Boden, und stellt sie, alles im Finstern,
Hinter dem Schornstein auf. Dann lauscht er hinein in die Küche,
Wo, er hört's vor der Tür, die Suppe brodelt, und als er
Magdalena beim Feuer nicht findet, wie er erwartet,
Öffnet er leise die Stube und fragt im Scherz, ob sie schlafe.

Alles stumm! Was ist das? Er tastet sich durch bis zur Wiege.
Sie ist leer! Er erschrickt und zündet eilig die Kerze.
Ein Gedeck auf dem Tisch! Die Mutter entfloh mit dem Kinde!
Doch wohin? Noch nicht weit! Es sind nur wenige Stunden!
Rasch zum Jäger! Er borgt mir sicher den eifrigsten Spürer,
Und das freundliche Tier ist willig, zu folgen, es kennt mich.
Wo ist ein Tuch von ihr? Und wo ein Strumpf von dem Knaben?
Beides ist schwer zu entdecken, doch endlich ist er so glücklich,
Und nun klopft er den Alten heraus und stottert zusammen,
Was er selbst nicht versteht, von nächtlichem Gehn und Verirren.
Dieser bewilligt den Hund, doch zweifelt er an dem Erfolge,
Weil es zu mächtig stürmt, als daß er die Spur nicht verlöre,
Wenn sie ein einziges Mal nur gegen den Wind sich gewendet.
Wirklich dreht das Tier auch lange vergeblich im Kreise,
Als es die Stube, wohin es geführt ward, wieder verlassen,
Ja, es heult vor Verdruß. Doch plötzlich beginnt es, zu schnüffeln,
Dann zu wedeln und fröhlich zu bellen. Nun schießt es von hinnen,
Daß ihm Christian kaum mit seiner hörnernen Leuchte
Nachzukommen vermag. Es geht zuweilen im Zickzack
Um die Büsche herum, doch nie versagt ihm die Wittrung,
Bis es die Hütte erreicht und anschlägt, um es zu melden.
Welch ein Schreck für die Arme, die drinnen kauert. Was ist das?
Ist's ein Wolf vom Gebirg'2)? Sie sollen bellen wie Hunde!
Oder ist es ein Hund? Dann kommt er nicht ohne Begleitung!
Hilf uns, heiliger Gott! Da wird die gebrechliche Türe
Aufgestoßen und schnoppernd, doch nicht mit glühenden Augen,
Fährt's im Sprunge herein. Sie greift voll Angst nach dem Knaben,
Welcher, geweckt aus dem Schlummer und seiner behaglichen Wärme
Ohne Schonung entrissen, mit Händen und Füßen zu stampfen
Und zu murren beginnt. So seid Ihr's gewiß und wahrhaftig?
Ruft mit keuchender Brust,--der Hund war grimmig gelaufen,
Als er der Hütte sich nahte, die ihm bekannt und vertraut war,--
Und die Leuchte erhebend mit ihrem verlöschenden Lichte,
Aus der Ferne der Gatte, das eifrige Bellen verstehend.
Rasch nun stürzt er heran und schließt sie fest in die Arme,
Streichelt das Tier, das leckend und dieses Dankes gewärtig
Ihn umschmeichelt, und spricht: So kannst du mich wirklich verlassen?

49

Ich vermöchte es nimmer und nimmer, von dir mich zu trennen.
Doch sie erwidert ihm sanft: Ich kann und ich darf ja nicht bleiben,
Und du darfst mich noch minder begleiten, das fühle ich selber,
Darum wär's viel besser, du hätt'st uns nicht wieder gefunden!
Aber, erschüttert, wie nie, versetzt er mit strömenden Tränen:
Kehre nur heute zurück, so gehen wir morgen zusammen!
Sieh, es legt sich der Wind, auch blinken schon einige Sterne,
Und ich trage den Knaben und diene dir selber zur Stütze!

Siebenter Gesang.

Als sie am folgenden Morgen beisammensitzen--die Sonne
Steht schon hoch, doch sie würden noch schlafen, hätte der Jäger
Nicht geklopft und gefragt, wie alles am Abend gegangen--
Sagt der Gatte mit Ernst: Es werde wie du beschlossen,
Denn ich darf dich nicht halten und kann noch weniger dulden,
Daß du bettelst, so lange mir Arme und Beine geblieben,
Aber wir müssen noch warten, denn als ein getreuer Verwalter
Will ich zum mindesten gehn, und viel noch gibt es zu pflügen.
Dann auch mußt du mir folgen, wohin ich dich führe, ich möchte
Diesem gütigen Herrn nicht wieder begegnen und auch nicht
Dieser freundlichen Frau, so wie dem redlichen Alten,
Die uns gewiß nicht gezwungen, und die wir dennoch so täuschen.
Über den Ozean müssen wir flüchten, der Schmied und der Tischler
Sind schon lange hinüber, und wenn wir sie finden, so werden
Sie uns die Wege bezeichnen und vor den Betrügern uns warnen.
O, ich verblende mich nicht! Du sagst mit Recht, daß das Wetter
Drüben wechselt, wie hier, und daß noch keiner das Unglück
Mit dem Staube der Straße sich von den Füßen geschüttelt,
Wenn er zu Schiffe stieg! Es wimmelt von Schelmen und Dieben,
Und wo kämen sie her und wagten das Rad und den Galgen,
Wenn es sich anders verhielte? Doch darf man immer noch hoffen,
Während der Mensch in Europa für ewige Zeiten verdammt ist,
Aus der Hand in den Mund zu leben, und endlich zu darben,
Da die jüngeren Kräfte die stumpfen des Alters verdrängen,

Ehe die Grube sich öffnet, wo müde Gebeine zerfallen.
Schweres steht uns bevor, und dieses scheint mir das schlimmste,
Daß nicht jedem die Luft bekommt, denn wenn wir erkrankten,
Wären wir auch verloren. Doch alles kann ja gelingen.
Sieh mich nicht fragend an, ich bin nicht minder entschlossen,
Weil ich weiß, was es gilt, und weil die traurigen Bilder
Meiner dürftigen Jugend sich unter die fröhlichen mischen,
Welche die neue Welt in leichten Gemütern entzündet:
Meine Träume sogar, du weißt es, sind immer beklommen,
Doch ich trug sie noch nie ins Leben hinüber und werde,
Wenn ich auch nicht erwarte, am eigenen Herde, wie heute,
Wieder zu sitzen und wieder mit eigenen Ochsen zu pflügen,
Ziehn, als hofft' ich das beste, und nur den Knaben bedauern.
Ja, du lächelnder Schelm, er faßt den Schläfer ins Auge,
Der sich gerade reckt, du wirst es teuer bezahlen,
Daß du die Milch der Mutter noch trinkst. In Samt und in Seide
Könntest du gehen und früh, die Bücher im zierlichen Ränzel,
Und das Pennal in der Hand, da Johanneum1) besuchen,
Um Lateinisch und Griechisch und Spanisch und Englisch zu
lernen,
Während und jetzt vielleicht, in Lumpen gekleidet, die Schweine
Hüten mußt, wie dein Vater, und höchstens die Stimmen der Vögel
Nachzuahmen verstehst, wenn du dem Metzger die Herde
Zutreibst gegen den Winter! Die Handelsschule beziehen
Und nach einigen Jahren, verbracht auf nützlichen Reisen,
An der Börse sich zeigen, um endlich den stolzen Gesichtern
Dich zu gesellen, auf die der Makler schaut, wie der Ackrer
Auf die Sonne, damit er das Wetter des Tages erforsche!
Das ist alles dahin!--Doch Magdalena erwidert
Glühend: Auch die Gefahr, im Pavillon2) an der Alster,
Von den andern verführt, durch Trinken und Spielen und Fluchen
Sich hervorzutun, noch ehe der Bart ihm gewachsen,
Und im zwanzigsten Jahre begraben zu werden, wie mancher,
Welchem der Rücken schon bricht, bevor er sein Kreuz noch
gesehen!
Denkst du des Sohns nicht mehr, der an der Mutter Geburtstag
Und, ich schaudre noch heute, vor ihren eigenen Augen
Sich erschoß, weil ihn nichts auf Erden noch lockte und reizte?
Laß ihn schwitzen, wie wir, wo wird er gewiß nicht verderben,

Und was Menschen gebrauchen, das können sie immer verdienen,
Wenn sie die Mühe nicht scheun. Du weißt, ich bin nicht so ängstlich,
Wie du selber, obgleich ich zweifle, ob es den Meinen
Besser erging, wie den Deinen, was du ja beständig behauptest,
Um dir den fröhlichen Mut, der mich beseelt, zu erklären.
Nein, wir haben wohl auch, das glaube, gehörig gehungert,
Und im Sommer sogar, und ganze Tage die Hoffnung
Bloß auf den Wind gesetzt, ob dieser die Bäume des Nachbars,
Welche die Zweige zu uns herüberstreckten, nicht schütteln
Und uns einiges Obst bescheren werde. Wir lagen,
Ich und die Schwester, die lange dahin ist, unter dem Zaune,
Hielten Gras in die Höhe, die Luft zu prüfen, und wagten,
Wenn kein Halm sich bewegte und immer stärker der Magen
Knurrte, auch wohl den Wurf. Es mangelt mir nicht an Erfahrung,
Aber ich fürchte mich nicht, ich will dich mit Freuden begleiten
Und ertragen, was kommt, es wird mich trösten und stärken,
Daß ich mein Kind nicht verkaufte. Ich hätt's ja auch nimmer versprochen
Für die Äcker und Wiesen, ich tat's, um dich zu behalten,
Und ich dacht' es mir nicht so schwer. Doch seit ich es sehe,
Ach, was sage ich da, schon seit ich es fühle und spüre,
Ist mir zumute, als sollt' ich mich selber zerreißen und teilen
Und die Hälfte begraben! Ich habe gesündigt und will es
Büßen, wie du's verhängst, nur eines mußt du gewähren,
Ehe wir ziehen, es liegt mir schon längst auf dem Herzen, die Taufe,
Dann hinüber mit Gott, und lieber heute als morgen!
Christian lächelt und spricht: Die Taufe entscheidet auch alles,
Doch es möge geschehn, so wie die Felder bestellt sind,
Und du selber dein Haus so blank geputzt wie ein Kästchen!
Denn wir dürfen uns nicht den Wellen und Winden vertrauen,
Eh' wir die heiligste Pflicht erfüllten gegen den Knaben,
Und ich wag' es nicht früher, als bis wir, zur Reise gerüstet,
Aus der Kirche sogleich fortschleichen können zum Schiffe.
Beide rühren sich nun, wie nie, und schaffen in Tagen,
Was die andern in Wochen, doch ist die Eile auch nötig,
Denn es nahen die Pfingsten und mit den Pfingsten der Kaufherr,
Wenn er nicht früher kommt, gelockt von dem seltenen Wetter.

Endlich ist es getan, und mit den schwieligen Händen
Setzt sich Christian hin und stellt die Rechnung zusammen,
Zählt den baren Erlös von Obst und Korn bis zum Heller
Auf und nimmt für sich selbst den schmalsten Lohn, der dem letzten
Aller Knechte gebührt, für Magdalena desgleichen,
Was die niedrigste Magd im schlechtesten Dienste bekäme:
Gern erließen sie's ganz, allein sie müssen ja leben!
Nun bestellt er die Taufe, er bittet den Jäger zum Paten,
Sagt: wir müssen verreisen, ein frommes Werk zu verrichten,
Und ersucht ihn zugleich, anstatt den gehenkelten Taler
In die Wiege zu legen, indes sein Vieh zu besorgen
Und aufs Häuschen zu sehn. Mit Schmunzeln erwidert der Alte:
Darum also so eifrig und nicht aus Geiz, wie die Knechte
Murrten welche sich schämten, den Acker vor dir zu verlassen,
Und doch fluchten und wünschten, du möchtest die Beine dir brechen?
Dazu helf' ich mit Freuden! Denn pfleg' ich auch selber der Andacht
Leider nur selten, nur dann, wenn mich bei Streifen im Walde
Irgend ein Kreuz erinnert, für einen meiner Genossen,
Welchen der Wildschütz traf, mein Vaterunser zu beten:
Gern doch hab' ich's an andern, und geh' ich auch kaum noch zu Ostern
Selbst in die Kirche, so jag' ich doch immer die Knaben von dannen,
Wenn ich vorüberkomme, die während der Predigt sich balgen!
Noch viel williger ist der Pfarrer, die heilige Handlung
Vorzunehmen, er hat im Scherz schon lange getrieben
Und im Ernst sich verwundert, daß sie nicht von selber sich melden.
Nun ist alles vollbracht, und gleich der folgende Morgen
Wird bestimmt für die Flucht. Doch Magdalena, die abends
Spät noch zum Krämer will, erblickt zu ihrem Entsetzen
Einen Wagen im Tor des Gasthofs, welchem die Herrschaft
Eben entsteigt, und ruft, zu Hause fliegend, mit Beben:
Auf! Sie sind da! Nur hinaus, so wie wir gehen und stehen!
Christian sieht auf die Uhr und spricht: Sie werden nicht kommen,
Ehe der Morgen tagt, doch freilich müssen wir eilen,

Denn mir mangelt der Mut, den beiden ins Auge zu schauen,
Und das Kind ist getauft, denn wäre das nicht geschehen,
Weiß ich nicht, was ich noch täte, doch jetzt ist alles vorüber,
Darum fort auf der Stelle, der Jäger muß uns verstecken!
Früh erhebt sich am Morgen der Kaufherr samt der Gemahlin,
Und, am würzigen Hauch der Lüfte sich innig erquickend,
Lassen sie rasch sich vom Diener des Wirts zum Häuschen geleiten.
Bald auch stehn sie davor. Wie blank sind Fenster und Läden,
Und wie sauber und rein die Beete des Gartens gehalten,
Welcher es zierlich umgibt! Die Gattin bückt sich im Gehen
Über den niedrigen Zaun und pflückt sich eine Aurikel,
Um sie als erste Gabe dem Kinde zu reichen, indessen
Er mit eiliger Hand die Pforte öffnet und lächelnd
Winkt, ihm leise zu folgen, denn durch die hintere Türe
Denkt er das Paar zu beschleichen. Sie kommen auch leicht in die Küche,
Und, ein wenig verwundert, das Feuer nicht brennen zu sehen,
Auf den Zehen ins Zimmer. Doch alles ist leer und verlassen,
Und man sieht nicht die Spur des häuslichen Waltens. Der Nachbar,
Von dem Brunnen, an dem er sich wäscht, herübergerufen,
Ist erstaunt, wie sie selbst, doch löst er ihnen das Rätsel
Durch ein einziges Wort: er spricht von der gestrigen Taufe,
Und ein Brief auf dem Tisch, die wohlgeordnete Rechnung
Und die Lade mit Geld daneben bestätigen alles,
Was sie ahnen und fürchten, sowie sie's hören. Die Gattin
Ruft, im Tiefsten bewegt: So ist es also gekommen,
Wie ich's immer besorgt, sie können's und wollen's nicht geben!
Aber ich muß sie darum nur höher achten und lieben,
Wenn ich auch jetzt erröte, indem ich der Fragen gedenke,
Die mich in Hamburg erwarten, des Zischelns und Tuschelns und Lächelns,
Und ich werde nicht ruhig, bevor wir sie wieder gefunden,
Denn sie dürfen sich nicht in Not und Kummer verzehren,
Und sie zittern vor uns und denken, wir könnte es rauben!
Beide eilen zum Pfarrer, doch dieser weist sie zum Jäger,
Und das geflüchtete Paar, versteckt auf dem Boden und spähend,
Sieht sie kommen und glaubt sich verraten. Doch leugnet der Alte
Jegliche Kunde von ihnen, und ihre klopfenden Herzen
Schlagen schon weniger rasch, da schreit, vom Dunkel geängstigt

Und vom Rauche gequält, der Knabe. Man fragt nach dem Kinde
Und man wünscht es zu sehn. Der Alte holt es herunter,
Aber er sagt dabei, es sei sein Enkel, die Mutter
Liege im Bette krank. Sie herzen und küssen den Knaben,
Loben sein lockiges Haar und seine blitzenden Augen,
Geben ihm die Aurikel, beschenken den Alten und gehen.
Aber, freundliche Muse, die uns so treulich geleitet,
Knüpfe die Menschen doch gleich in Liebe wieder zusammen,
Welche so ängstlich sie suchen und wieder so töricht sie fliehen:
Hat sie das Kind, das sie trennt und eint, doch schon flüchtig
verbunden!
Deutest du weiter? Es sei! Du führst auf längerem Wege
Sicher zum schöneren Ziel, und willig wollen wir folgen,
Denn du lächelst und nickst und legst die Hand auf den Busen!

Christian atmet wieder, und Magdalena erhebt sich,
Denn sie hatte gekniet, so wie sich die beiden entfernen,
Aber der Alte spricht: Ich folge ihnen ins Städtchen,
Um zu erfahren, was ferner geschieht, und werd' es euch melden.
Als er zurückkehrt, sagt er: Sie sind beim Richter gewesen,
Und, ich merkte es wohl, was dieser nur irgend an Spähern
Aufzubieten vermag, das ist auch heimlich zu Gange,
Doch ich lache darüber, es ward noch keiner ergriffen,
Welchen der Jäger beschützt, und scheint dies alles auch seltsam,
Eure Gesichter sind gut, und also helf' ich euch weiter!
Redlich hält er auch Wort und schafft sie über die Grenze,
Wo er, ohne zu fragen und ohne auch nur zu gestatten,
Daß sich Christian ihm vertraute, wie es ihn drängte,
Sie dem Himmel empfahl und mit dem Dukaten beschenkte,
Welchen der Kaufherr ihm gegeben hatte. So sind sie
Mit sich selber allein. Die Berge treten allmählich
Mit den Wäldern zurück, und offen breitet die Straße
Durch die Ebne sich aus, doch Christian meidet sie ängstlich,
Weil ihn neben den Spürern und Streifern zu Fuß und zu Pferde,
Die im Dienst des Gesetzes den Frevel belauern und packen,
Auch die Zungen der Erde, die Telegraphen, erschrecken,
Welche Städte mit Städten und Länder mit Ländern verbinden
Und den Tod, wie das Leben, von einem zum andern befördern.
Selten erscheint ihm ein Weg so abgelegen und düster,

Daß er ihn nicht betritt, um diesem in Eisen gegossnen
Spinnennetz zu entschlüpfen, an dem die Könige weben,
Und so ziehn sie einher, als wären sie Schelme und Diebe,
Tragen unendliche Last und Mühe bei Tage und müssen
In den ödesten Schenken die traurigsten Nächte verbringen.
Welch ein verändertes Los für beide! Wie hart und wie bitter!
Doch je härter der Druck, je bittrer so manche Entbehrung,
Um so ruhiger wird's der flüchtigen Mutter im Busen,
Christian aber fühlt sich getröstet durch den Gedanken,
Daß er doch alles teilt, und daß sie nicht ohne ihn irren.
Sie ist noch immer so reich, ihr hungriges Kind zu erquicken,
Er noch immer so stark, sein zitterndes Weib zu beschirmen,
Und so oft es auch scheint, als wäre man ihnen im Nacken:
Immer sind sie so glücklich bei Nebel und Nacht zu entkommen.
Eins nur peinigt sie noch: Die Summe verringert sich täglich,
Die sie brauchen in Bremen, um überfahren zu können,
Und sie prüfen schon oft die überflüssigen Kleider,
Die sich verkaufen lassen, um dieses Lücke zu decken.

Eines Abends geschieht es wieder, da flucht's vor der Türe,
Und mit vielem Gelärm, er konnte die Klinke nicht finden,
Tritt ein Gesell herein, in dem sie, den Augen nicht trauend,
Endlich den Tischler erkennen. So bist du im Lande geblieben?
Ruft ihm Christian zu. Zurückgekehrt aus der Traufe
In den Regen--versetzt er--und habe das Leben gerettet,
Welches der Schmied verlor. Es ist noch ärger da drüben,
Und wir Deutsche besonders, wir müssen uns ducken und
drücken,
Wie die Hunde bei uns! Denn wäre der Schmied nur ein
Franzmann,
Oder ein Beefsteak-Fresser, so würden schon ganze Armeen
Über die See geschickt, doch auf der Leiche des Deutschen
Legt der Mörder sich schlafen, und keiner stört ihm die Ruhe,
Wenn er nicht selber niest und sich weckt. Wir wollten hinüber!
Wirft ihm Christian ein. So laß dich warnen! erwidert
Lachend der andre und schleudert den Ranzen hinter den Ofen,
Fordert sich Wein und rückt heran. Wir haben uns drüben,
Wie in Ägypten die Juden, vermehrt und werden, wie diese,
Weil sie uns fürchten und hassen, gehetzt und vertilgt. In Europa

56

Mußt du stehlen, bevor man dich hängt. Dort wirst du gehangen,
Eh' du gestohlen hast! Und was dich immer auch jage:
Bleibe daheim. Es wird bei uns auch, ehe wir's denken,
Anders werden und besser. Du blickst erstaunt und verwundert?
Bruder, das ist nicht geprahlt, ich kehre zwar nackter und ärmer,
Aber auch klüger zurück. Man hat mir vernünft'ger gepredigt,
Als in der Jugend geschah. Du weißt doch, daß man dich einmal
Schändlich bestahl? Wo hast du Güter? Wo stehen die Häuser,
Die du vermietest? Wo wiehert dein Gaul? Wo melkst du die Kühe?
Schurken haben dir alles entrissen, noch eh' du geboren
Wurdest, und halten es fest. Das hat der klügste Franzose
Ausgespürt: wer besitzt, ist ein Dieb, und so viele Dukaten,
Ebensoviele Verbrechen! Doch wird's nicht lange mehr dauern,
Denn das jüngste Gericht ist nah. Du mußt nicht erwarten,
Daß in den Wolken die Engel mit ihren Posaunen erscheinen,
Diesen hat man die Flügel gestutzt, wir blasen uns selber,
Statt des Zeichens zu harren, und schleifen inzwischen die Äxte!
Deinen Jungen beneid' ich! Er wächst ins goldene Alter,
Wie in den Frühling hinein, und wird nur im Tanze noch schwitzen.
Aber, wie kommst du mir vor? Du machst ein Gesicht, wie ein
Reicher!
Bist du's etwa geworden? Ich hörte so manches in Hamburg.
Hast du im Trüben gefischt, und eilst, dich sicher zu stellen?
Freund, entdecke dich mir! Vor einem Jahre noch hätt' ich
Dich beim Kragen gepackt und laut nach dem Büttel geschrien,
Heute sage ich dir: noch ehe die dummen Gesetze
Dich erreichen, wonach der Dieb den wahren Besitzer
Straft, sind alle getilgt. Das habe ich selber von Weitling3),
Dem es Christus vertraute, denn der ist lange schon unten,
Und sie sehen sich oft und sind die besten Bekannten.
Christian schlägt mit der Faust auf den Tisch, er kann sich nicht
halten,
Aber der andre trinkt und spricht: Ich sollte doch meinen,
Daß ich dir Gutes verkünde, du selbst gehörtest ja früher
Zu den Schluckern, für welchen die weißen Haare des Scheitels
Hunger und Kummer bedeuten, und dich am wenigsten hätt' ich
Auf der Seite der Schwelger vermutet, doch ganz nach Gefallen!
Daß sie Soldaten haben, das wissen wir alle und machen
Auf den Kampf uns gefaßt, doch daß sich ihren Soldaten

Toren mit knurrenden Magen gesellen, um die zu bestreiten,
Welche das Essen bringen, das hat wohl keiner erwartet.
Aber, du tust auch nur so, ich weiß ja von Wilhelm und Anna,
Daß man dich sucht, und man trifft die Leute mit sauberm Gewissen
Nicht auf heimlichen Straßen, wie arme Teufel vom Handwerk,
Welche fechten und schnurren, und nicht in Schenken, wie diese.
Deine besten Bekannten in Hamburg schütteln die Köpfe,
Und die Feinde und Neider erzählen sich schlechte Geschichten:
Sag' doch nur, was es ist, man denkt sich schon lange das Ärgste!
Denn ein Millionär verschmerzt die geringen Verlüste
Bis zu Hundert mit Lachen und bis zu Tausend mit Flüchen,
Doch sie haben sich so, besonders die Frau, wie ich höre,
Euch zu erwischen, als gälte es Diamanten und Perlen!
Christian aber erhebt sich und spricht die gelassenen Worte:
Wenn es ist, wie du sagst, und wenn sie so wenig uns schonten,
Daß uns die geifernden Zungen den ehrlichen Namen belecken,
Nun, so geh' ich hinüber, und das noch morgen! Denn nimmer
Soll man die redlichsten Eltern in ihrem Sohne beschimpfen,
Oder dem ärmsten der Kinder sein einziges Erbe verkürzen,
Und es komme, wie's will, die Ehre werd' ich mir wahren!
Was dich selber betrifft und deine verworfenen Lehren,
So verlaß dich darauf, ich würde, wenn Ihr Euch regtet,
Selbst den Wuchrer beschützen, und wären wenige Stunden
Früher mein Weib und mein Kind vor seiner Tür verhungert,
Und ich hätt' nur noch Kraft zu einem einzigen Schlage.
Denn ihr seid ja ärger, als Feuer und Wasser und alles,
Und wer fragt, wenn es brennt, nach Freunden und Feinden beim Löschen?
Dieses wäre gesagt--und nun für immer geschieden!
Aber der Tischler versetzt: Das nenn' ich von oben gesprochen,
Doch ich glaube dir nicht, und wär' ich, wie du mich schilderst,
Würd' ich erwidern: mein Held, ich will dich nach Hamburg begleiten,
Daß du dein Ziel nicht verfehlst, ich habe die Zeit, und ich werde,
Wenn ich dich bringe, vielleicht noch eine Belohnung erhalten.
Aber, ich wünsche dir Glück auf allen Wegen und Stegen,
Die du auch wandeln magst, und werde dir sicher nicht nachsehn,
Wenn du dich morgen entfernst, wir haben zusammen getrunken.

Christian schweigt, er fühlt sich von diesen Worten getroffen,
Doch Magdalena erglüht und ruft: Ich will es dir sagen,
Was uns treibt, daß du's weißt! Wir haben für Mittel zur Heirat
Ihnen den Knaben versprochen, und fliehen nur darum so ängstlich,
Um ihn nicht geben zu müssen, denn dieses würde mich töten.
Aber der Tischler lacht und spricht: Da sieht man aufs neue,
Daß ihr die Welt nicht kennt! Wie könnt ihr Toren nur glauben,
Daß man euch zwingen kann? Doch nun begreife ich alles!
Hieß es ja doch, sie hätten den sehnlichst erwarteten Erben
Endlich in fremden Landen bekommen und wieder verloren
Und sie gingen in Trauer! Mich dünkt, ich sehe den Toten!--
Rasch nun geht es nach Hamburg, und schon in wenigen Tagen
Sehn sie die Türme der Stadt. Als Magdalena erzittert
Und ihn bittet, sie selbst mit ihrem Knaben im Dorfe
Über der Grenze zu lassen, erwidert Christian ruhig:
Nein, der Tischler hat recht, uns zwingt kein Gesetz, ihn zu geben,
Wie ein verhökertes Kalb. Auch habe ich minder den Richter,
Als sie selber gefürchtet, sie schienen mir beide so edel,
Daß ich mich meiner schämte, so wie ich ihrer nur dachte:
Aber, da sie uns wirklich, wie grobe Verbrecher, behandeln,
Hat das alles ein Ende, und ruhig werde ich fragen,
Wenn ich sie sehe, und kühn dabei die Augen erheben:
War die Rechnung nicht richtig? Sie fühlt sich selber ermutigt
Durch das entschlossene Wesen des Gatten und, ohne zu zaudern
Oder ängstlich zu tun und hin und wieder zu blicken,
Folgt sie ihm in das Tor. Wie jubeln Wilhelm und Anna,
Als die beiden auf einmal die reinliche Stube betreten,
Welche sie jetzt bewohnen. Sie rufen: Nun haben wir hundert
Taler mehr im Vermögen, denn diese sind uns versprochen,
Wenn wir verkündigen können, wo ihr euch befindet! Da seid ihr,
Und nun brauchen wir bloß die Türe zu schließen, so haben
Wir euch selber gefangen! Doch seht, noch brodelt der Kessel,
Und wir wollen uns erst durch einen tüchtigen Kaffee
Für die Hochzeit bedanken, denn sicher seid ihr doch durstig.
Christian grollt und spricht: So wurden auf unsere Köpfe
Auch schon Preise gesetzt? Das tut man bei Räubern und Mördern!
Wenn es euch aber gelüstet, das Geld zu verdienen, so haltet
Nicht beim Feuer euch auf und tändelt mir nicht mit dem Knaben,
Eilt, so sehr ihr nur könnt, ich kam, mich selber zu melden,

Und ich hoffe sogar, am Galgen vorüber zu kommen.
Manchen Späher bemerkt' ich und manche verdächtige Schenke
Hab' ich betreten, und doch entging ich den Fallen und Netzen;
Wenn ihr mich heute erblickt, so kam ich aus eigner Bewegung,
Statt mich nach Bremen zu wenden, denn nichts verschloß mir die
Straße.
Wohl dir, daß du es nicht getan, entgegnet ihm Wilhelm,
Nur mit Mühe zum Ernst sich zwingend und feierlich blickend,
Denn man hätt' dich in Bremen nicht fortgelassen, die Häfen
Waren alle besetzt, und jeglicher wurde gemustert!
Christian ballt die Faust, doch Anna verschließt ihm die Lippen
Mit den Fingern und spricht: Es wäre doch besser gewesen,
Wenn du in irgend ein Netz gegangen wärest, du hättest
Weniger Sorgen gehabt, auch würde der Knabe nicht husten,
Denn du flohst vor dem Glück, und haben sie Späher gesendet
Oder Preise gesetzt, so ist das alles geschehen,
Um dir Kunde zu geben, das haben sie selbst mir beteuert,
Daß sie die Schuld dir erlassen, ich weiß nicht, welche sie meinen,
Aber das Gut dir schenken! Nun brauch' nach Belieben die Zunge.
Christian deckt sein Gesicht mit beiden Händen, ein Zittern
Überkommt ihn, er ist nicht eines Wortes noch mächtig,
Und ein jegliches Glied will reden; endlich beginnt er:
Nun, so bin ich nicht wert, daß Sonne und Mond mich bescheinen,
Und ich rufe die Flüche, die eben, was sollt' ich's verhehlen,
In die Kehle mir stiegen, als du den Mund mir verschlossest,
Auf mein eigenes Haupt herab und vollziehe sie selber!
Magdalena jedoch, der längst die Tränen entströmten,
Schließt ihn rasch in die Arme und küßt ihn und zeigt ihm den
Knaben,
Dem sie die Händchen gefaltet und dessen verwundertes Lächeln
Über sich selbst und die Mutter sein Rasen bändigt, so daß er
Sich nicht schlägt und zerrauft, wie er wollte, im Wüten der Reue;
Wilhelm ergriff indes den Hut und eilte von dannen.

Aber der Kaufherr sitzt mit seiner Gattin beim Frühstück,
Und sie fragt mit den Augen, doch nicht mit den Lippen, ob wieder
Keine Kunde gekommen. Er spricht: Es kann ja nicht fehlen,
Daß wir's endlich erfahren, wie sehr sie sich immer verkriechen!
Wär's für den Reichen schon schwer, sich ganz und gar zu

verbergen,
Wenn die Grille ihm käme, so kann es dem Armen noch minder
Glücken: er muß sich ernähren und also heraus um die Arbeit,
Und wir wissen's am besten, wie wenig der dürftige Pfenning,
Den sie nahmen für sich, genügt, sie Monde und Jahre
Zu erhalten, so tröste dich jetzt, was du früher beklagtest!
Sie erwidert darauf: Und kann der Knabe nicht sterben?
Oder können sie nicht in fremde Länder entkommen?
Nein, ich ängstige mich zu Tode! Je länger es dauert,
Um so weniger dürfen wir hoffen, sie wieder zu finden!
Ich vernehme vielleicht, damit mich das Bitterste treffe,
Wo sie erlagen, und kann die Gräber mit Blumen verzieren,
Aber ich werde sie nicht für ihre erduldeten Leiden,
Wie ich hoffte, belohnen, mich wird ein Engel verdrängen.
O, wie werd' ich gestraft! Ich wußte mein Glück nicht zu
schätzen!
Wie, wer nie noch die Luft auf Augenblicke entbehrte,
Garnicht weiß, was sie ist, und aus dem eitelsten Grunde
Hab' ich mit drückende Schuld mir die Seele belastet! Denn nimmer
Wär' ich dem Doktor gefolgt, auch hätt' er's gewiß nicht geraten,
Wenn nicht die törichte Scham vor anderen Müttern, verbunden
Mit dem sündlichen Neid auf ihre blühenden Kinder,
Mich seit Jahren besessen und in der versuchenden Stunde
Mir das Herz in der Brust verhärtet hätte! Mich quälen
Jetzt die schrecklichsten Bilder, ich sehe die blassen Gesichter
Ausgewanderter Mädchen und Knaben, wie sie mich früher
Oft am Hafen entsetzten, und all die vermessenen Wünsche,
Die ich so lange gehegt im ungeduldigen Busen,
Lösen sich auf in dem einen: das Kind gerettet zu wissen,
Das ich frevelnd ins Leben gerufen, doch wird's nicht geschehen!
Da erschallt vor der Tür die laute Stimme des Doktors,
Jubelnd tritt er herein und ruft: Gefunden! Gefunden!
Und, er hat sie sogleich durch Wilhelm, der's ihm gemeldet,
Holen lassen, verwirrt und blöde folgen die andern:
Magdalena voran, im Arm den lieblichen Knaben,
Christian hinterher, die Augen zu Boden geschlagen,
Wilhelm und Anne zuletzt, und nur bis zur Schwelle sich trauend,
Jene dem heiligen Paar vergleichbar, diese den Hirten.
Aber die Gattin faltet die Hände und hebt sie zum Himmel,

Preßt dann Mutter und Kind ans Herz und schluchzt: Ich genieße
Jetzt die seligste Stunde des Lebens durch reichste Erfüllung
Meines heiligsten Wunsches und opfre mit Freuden die andern.
Ja, nun sag' ich mit dir, sie wendet sich innig zum Gatten,
Unsere Kinder sind die Armen, doch bleibt mir von allen
Dieser Knabe der nächste, denn ihm verdank' ich den Frieden,
Den ich nie noch gekannt, und den die Erde nicht mindert,
Wenn man ihn einmal errang, und selbst der Himmel nicht steigert.
Doch, was ist das? Ich konnte bisher vor Tränen nicht sehen!
Diese lockigen Haare und diese blitzenden Augen
Soll ich kennen! Ja! ja! Das ist der Enkel des Jägers!
Herr, ich kann dich verstehn! Du wolltest im Feuer mich läutern,
Darum durft' ich nicht gleich ihn finden! Doch schütztest du selbst
ihn
Mit allmächtiger Hand! Für alles sei mir gepriesen!

www.ingramcontent.com/pod-product-compliance
Lightning Source LLC
Chambersburg PA
CBHW031746090426
42739CB00008B/895